JN433666

자신은 교육을 받지 못하셨지만

나를 교육시키기 위해 희생하신 홀어머니와

내가 평생 배우는 자로 살아가도록

자극하고 동기를 부여해주는

무디성경학교(MBI)의 학생들에게 이 책을 바칩니다.

The Whole Bible Story

by William H. Marty

Copyright © 2011 by William H. Marty

Originally published in English under the title
The Whole Bible Story by Bethany House

11400 Hampshire Avenue South
Bloomingtons Minnesota 55438

Korean translation Copyright © 2012 by Pure Nard
2F 774-31, Yeoksam 2dong, Gangnam-gu, Seoul, Korea

본 제작물의 한국어판 저작권은 Bethany House와의 독점 계약으로 한국어 판권은 '순전한 나드'가 소유합니다.
저작권자의 허락 없이 이 책의 일부 또는 전체를 무단 복제, 전재, 발췌하면 저작권법에 의해 처벌을 받습니다.

신약에서 일어난 모든 일들

초판발행 | 2014년 12월 15일

지 은 이 | 윌리엄 H. 마티
옮 긴 이 | 강선규

펴 낸 이 | 허철
편　　집 | 김혜진
디 자 인 | 이보다나
인 쇄 소 | 예원프린팅

펴 낸 곳 | 도서출판 순전한 나드
등록번호 | 제2010-000128
주　　소 | 서울 강남구 역삼2동 774-31 2층
도서문의 | 02) 574-6702 / 010-6214-9129
편 집 실 | 02) 574-9702
팩　　스 | 02) 574-9704
홈페이지 | www.purenard.co.kr

Printed in Korea

ISBN 978-89-6237-171-0 03230

윌리엄 H. 마티 지음 | 강선규 옮김
신약에서
일어난
모든 일들
God is
love.
순전한 나드

| 감사의 글

어떤 의미에서 이 책은 내 것이 아니다. 이 책의 기본적인 아이디어는 베다니하우스 출판사의 앤디 맥과이어에게서 나왔다. 기획에서부터 글쓰기와 내용을 조직하는 작업을 이끌어주고, 학문적인 내용과 양식을 대중적이고 현대적인 성경 이야기로 바꿀 수 있도록 도움을 준 그에게 감사의 인사를 전한다. 또한 이 책의 원고를 최종적으로 편집해준 크리스토퍼 소더스트롬에게도 감사를 드린다. 최종 수정 원고를 검토하면서 편집자들에게 다시금 감사하게 되었다. 그들의 손길이 닿지 않았다면, 이 책은 무디성경학교에서 사용하는 강의노트와 비슷한 책이 되었을 것이다.

이 책만이 아니라 그리스도의 제자와 교사로서의 삶에 대해 나는 두 은사님께 큰 빚을 지고 있다. 나는 원래 사역을 하겠다는 목표를 가져본 적이 없었다. 대학 졸업 후 장교로 임관되어 4년간 복무하고 베트

남 파견 근무까지 마치고 제대한 나는 인생을 바꾸는 중대한 결정을 내려 덴버신학교에 입학하였다. 외상 후 스트레스 장애에 대한 공식적인 진단이 없었기 때문에, 나는 내가 왜 감정적으로 불안정한지 이유를 알 수 없었다. 그런 나에게 교회사 담당이셨던 브루스 셸리 박사님과 목회학 담당이자 학장이셨던 버논 그라운즈 교수님은 그리스도의 제자가 된다는 것이 무엇을 의미하는지에 대한 모델이 되어주셨다. 이제는 주님 곁으로 가신 두 교수님은 내게 무엇을 믿어야 할지를 가르쳐주셨을 뿐만 아니라 진정한 그리스도인으로서 어떻게 살아야 하는지를 보여주셨다. 그분들의 모범과 세심한 보살핌이 없었다면, 나는 신학교를 졸업할 수 없었을 것이고, 목사로서 그리고 성경교사로서의 삶을 살 수도 없었을 것이다.

저술 작업을 격려해주고 이 책이 마무리되기까지 응원해준 아내에게도 감사한다. 그녀는 주님이 나에게 주신 놀라운 선물이다.

목차

Chapter 3 위대한 갈릴리 사역(사복음서)

Chapter 4 후기 유대 사역(사복음서)

Chapter 5 예수님의 십자가 처형(사복음서)

Chapter 6 부활(사복음서)

Chapter 7 초대 교회 이야기

| 서문

최근에 한 자매가 나에게 성경에 대해 물었다. 나는 그녀가 성경에 대해 아는 바가 전혀 없다는 것을 알고 있었기 때문에 스터디 성경을 한 권 선물했다.

그녀는 책을 펼쳐서 몇 장을 뒤적이더니 당황스러운 표정으로 나를 보며 물었다. "이 책을 어떻게 읽어야 하죠? 어디서부터 읽을까요? 어떤 내용이 들어 있나요?"

나는 그녀에게 간단한 설명을 해주고, 성경에서 먼저 읽으면 좋을 책들을 적어주었다. 하지만 나는 그녀에게 이보다 더 많은 도움이 필요하다는 것을 깨달았다.

성경을 처음부터 끝까지 쭉 읽는 것은 벅찬 과제이다. 성경은 길고 (창세기부터 요한계시록까지 66권이나 된다), 그 책들이 시대순으로 기록된 것이 아니기 때문에 이야기의 맥을 따라가는 것은 대단히 어려운 일이다.

성경의 내용은 또 다른 과제이다. 성경은 매우 다양한 문학 양식으로 구성되어 있다. 역사적 서술, 시가, 법, 예언, 그리고 비유들이 혼재해 있으며, 신약은 서신서(편지들)가 거의 절반을 차지한다.

우리는 구약의 예언서 몇 권과 요한계시록을 합해서 묵시문학이라고 부른다. 이런 유형의 저술은 강렬하고 기이한 이미지를 통해 말세와 연결된 재앙들을 묘사하고 있다. 따라서 처음 성경을 읽으려고 하는 사람들에게는 이 모든 것들이 매우 혼란스러울 수 있다. 바로 이러한 이들에게 도움을 주기 위해 이 책을 저술하였다.

이 책의 목적은 성경의 이야기를 하는 것이다. 이 책은 성경 66권을 풀어쓴 것도 아니고, 성경 읽기를 대체하려는 의도로 쓴 것도 아니다. 나의 소망은 이 책을 읽는 사람들의 마음에 성경을 읽고자 하는 갈망이 일어나는 것이다.

이 책은 시대적 흐름에 따라 이야기를 풀어나가기 위해 신약성경의 서신서를 포함하지 않고 있다. 또한 주석은 거의 하지 않았으며, 평범하고 단순한 언어로 그저 '사실만'을 말하려고, 즉 기록된 그대로의 이야기를 하려고 노력하였다.

책을 읽기 전에 한 가지 사실을 염두에 두었으면 좋겠다. 어떤 사건이 성경에 기록되었다는 사실만으로 하나님이 그것을 인정하셨음을 의미하는 것은 아니다. 역사적 서술의 특성은 일어난 일을 있는 그대로 기록하는 것이다. 이에 대하여 성경의 저자들은 독자들이 하나님의 관점에서 그 사건들을 바라볼 것이라고 가정하고 있다.

그리고 성경 읽기는 당신을 변화시킬 것이라는 점을 강조하고 싶다.

성경은 그것을 읽는 사람이 그 이야기로 들어가지 않을 수 없게 만든다.

간단히 말해서, 성경은 하나님에 관한 것이다. 성경은 하나님의 관점에서 창조의 진리를 이야기한다. 어떤 측면에서 성경은 하나님을 닮은 사람들, 그리고 그분과 관계를 맺도록 지음 받은 사람들에게 자기 자신을 드러내시는 하나님에 관한 이야기다.

당신은 성경을 읽으면서 하나님께서 모든 피조물을 향한 계획을 가지고 계시다는 것을 발견하게 될 것이다. 그 계획이 실패로 오염되기는 했지만, 하나님은 결코 우리를 포기하지 않으신다. 그분의 이야기 속으로 들어가는 사람들은 현재를 비롯하여 영원토록 삶을 누리는 것이 무엇을 의미하는지 경험할 수 있다.

신약성경의 대부분을 기록한 바울은 성경의 이야기를 '복음'이라고 불렀다. 그는 로마서에서 "나는 복음을 부끄러워하지 않습니다. 왜냐하면 그것은 예수 그리스도 안에서 알려진 하나님의 놀라운 사랑을 믿는 모든 사람들에게 구원을 주시는 하나님의 능력이기 때문입니다"라고 하였다.

나는 이 책이 성경을 읽으라고 격려하고 도움을 줄 뿐 아니라 당신이 하나님의 이야기에 동참하도록 설득할 수 있기를 소망한다. 그것은 당신의 이야기이기도 하다.

1
CHAPTER

예수님의 탄생과 유년시절
(사복음서)

주요 등장인물

사가랴와 엘리사벳 | 가브리엘 | 세례 요한 | 마리아와 요셉

예수님(메시아) | 박사들(동방에서 온 이방인들) | 헤롯 대왕

배경

이스라엘 땅 | 갈릴리(북쪽 지방) | 나사렛(갈릴리에 있는 마을)

유대(남쪽 지방) | 예루살렘(유대에 있는 이스라엘 수도, 성전이 있는 곳)

베들레헴(예루살렘 남쪽에 있는 마을) | 이집트

예수님의 탄생을 위한 준비

예수님의 탄생은 하나님께서 아브라함과 다윗에게 하셨던 약속의 성취였다.

하나님은 아브라함을 축복하시며 그를 큰 민족의 아버지가 되게 하시고, 그를 통해 만백성에게 복을 주겠다고 약속하셨다. 아브라함의 후손으로서, 예수 그리스도는 온 세상에 구원을 주러 오셨다.

그리스도는 또한 다윗의 계보를 따라 태어나셨고, 다윗의 자손 중 하나가 영원히 다스릴 것이라는 약속을 성취하셨다.

마지막 구약의 예언자 말라기의 시대로부터 세례 요한이 오기까지 400년의 시간이 흘렀다. 요한은 예수 그리스도, 메시아의 오심을 선포하기 위한 선지자로 세상에 왔다.

요한은 헤롯이 유대의 왕일 때 사가랴와 엘리사벳 사이에서 태어났다. 요한의 아버지 사가랴는 제사장이었으며, 엘리사벳과 함께 평생 신실한 삶을 살았다. 그러나 그들에게는 늦게까지 자녀가 없었다.

사가랴가 전례를 따라 제비에 뽑혀 성전에서 분향하고 있을 때, 제단 옆에 주님의 천사가 나타났다. 깜짝 놀란 사가랴에게 가브리엘이 말하였다. "사가랴야, 두려워하지 말라. 네 간구를 주님께서 들으셔서 네 아내 엘리사벳이 아들을 낳을 것이니 그 이름을 요한이라고 하여라."

가브리엘은 사가랴에게 요한이 그들에게 기쁨을 가져다줄 것이고, 태어날 때부터 성령의 능력을 가지고 있을 것이라고 하였다. 요한의 사명은 이스라엘을 하나님께 돌아오게 함으로써, 주님의 오심을 준비하는 것이었다.

가브리엘의 메시지는 대단히 놀라운 것이었다. 사가랴는 "어떻게 그것을 알겠습니까? 저는 늙었고, 제 아내도 나이가 많으니 말입니다" 하고 말하였다.

가브리엘은 주님께서 이 좋은 소식을 전해주려고 자신을 보내셨다고 말하며, 사가랴가 이를 믿지 않았기 때문에 이 일이 이루어질 때까지 말을 할 수 없게 될 것이라고 하였다.

사가랴가 성소 안에서 너무 오래 지체하였기 때문에 사람들은 이상히 여기기 시작했다. 그가 밖으로 나왔을 때, 손짓을 할 수 있었으나 말은 할 수 없었다.

그는 직무가 끝난 후 집으로 돌아갔고, 가브리엘의 말대로 엘리사벳이 임신을 하였다.

엘리사벳이 임신한 지 6개월이 되었을 때, 하나님께서 가브리엘을 마리아에게 보내셨다. 그녀는 갈릴리 지방(이스라엘 북쪽)에 있는 동네 나사렛에 살고 있었다. "기뻐하여라!" 가브리엘이 말하였다. "은혜를 입은 자야, 주님께서 그대와 함께하신다."

마리아는 두려워하였으나 가브리엘이 그녀를 안심시켰다. "그대는 하나님의 은혜를 입었다. 그대가 잉태하여 아들을 낳을 터이니, 그의 이름을 예수라고 하여라. 그는 더 없이 높으신 분의 아들이 될 것이고, 하나님께서 그에게 다윗의 왕위를 주실 것이다. 그의 나라는 영원할 것이다."

마리아는 당황하였다. "저는 처녀인데, 어떻게 이런 일이 있겠습니까?"

천사는 그녀가 하나님의 능력으로 성령에 의해 임신을 하게 될 것이고, 그 아들은 실제로 하나님의 아들이라고 말해주었다. 그리고 하나님께는 불가능한 일이 없다는 증거로 엘리사벳이 임신한 지 6개월이 되었다고 알려주었다.

마리아는 소식을 전한 천사 앞에서 겸손하게 대답하였다. "당신의 말씀대로 저에게 이루어지기를 바랍니다." 그리고 바로 가브리엘이 떠났다.

마리아는 엘리사벳과 사가랴를 방문하기로 하였다. 그들은 유대 산골(마리아와 그녀의 약혼자 요셉이 살았던 나사렛 남쪽)에 살고 있었다. 마리아가 사가랴의 집에 도착해서 엘리사벳에게 인사를 할 때, 엘리사벳은 아이가 뱃속에서 뛰노는 것을 느꼈다. 그녀는 성령으로 충만해서 이렇게 외쳤다. "그대는 복을 받았고, 그대의 태중의 아이도 복을 받았습니다."

마리아는 주님께서 주신 아들로 인해 하나님을 찬양하였다. "내 영혼이 주님을 찬양하는 것은 그분이 이 여종의 비참함을 보살펴 주셨기 때문입니다. 전능하신 하나님이 나에게, 그리고 온 이스라엘에게 큰 일을 행하셨습니다. 주님은 아브라함과 그 자손들에게 하신 약속을 기억하셨습니다."

마리아는 엘리사벳과 약 3개월 동안 함께 지내다가 집으로 돌아갔다.

엘리사벳이 아기를 낳자 이웃과 친척들이 주님께서 그녀에게 자비를 베푸신 것을 보며 기뻐하였다.

아이가 태어난 지 8일째 되는 날은 아기에게 할례를 행하고 이름을 지어주는 날이었는데, 엘리사벳은 요한이라는 이름을 지어주었다. 주변 사람들은 깜짝 놀랐다. 아기가 아버지의 이름을 따라 사가랴라는 이름을 갖게 될 것이라고 생각하였기 때문이다. 그들은 친족 중에 이런 이름이 없다고 하며 사가랴에게 아기 이름을 어떻게 할 것인지 물었다.

사가랴는 여전히 말을 할 수 없었기 때문에 서판에 '요한'이라고 썼다. 사람들은 그가 엘리사벳과 같은 이름을 쓴 것을 보고 놀랐다. 사가랴는 서판에 이름을 씀과 동시에 다시 말을 할 수 있게 되어 하나님을 찬양하였다.

이 기이한 사건에 대한 소식은 유대 온 산골에 두루 퍼졌다. 그들은 요한이 어떤 사람이 될지 궁금했다. 왜냐하면 그는 분명 하나님의 은총을 받은 특별한 아이였기 때문이다.

사가랴는 성령으로 충만하여 그의 아들에 대해 예언적인 노래를 불렀다.

주 이스라엘의 하나님은 찬양받으실 분이다.

그는 자기 백성을 구원하러 오셨다.

그는 다윗과 아브라함에게 약속하신 대로 능력 있는 구원자를 보내셨다.

내 아들은 더없이 높으신 분의 선지자라 불릴 것이며,

백성들로 하여금 주님의 오심을 예비하게 할 것이다.

그는 그들에게 죄 사함과 구원을 얻는 방법을 말해줄 것이다.

그는 어둠과 죽음의 그늘에 앉아 있는 사람들에게 빛이 될 것이다.

그는 우리를 하나님과 평화하도록 인도할 것이다(눅 1:68–75).

요한은 육체적인 성장과 함께, 영적으로도 성장하였다. 그는 뛰어난 하나님의 사람이 되었다. 장성한 후 요한은 광야에서 홀로 지냈다.

마리아가 임신했을 때에는 요셉과 약혼한 상태였다. 요셉은 그녀가 임신했다는 사실을 알고, 파혼을 하기로 결심했다. 그는 경건하고 사려 깊은 사람이어서 조용히 파혼하려 하였다.

그러나 주님의 천사가 꿈에 나타나 요셉에게 마리아가 성령의 능력으로 임신한 것이라고 말해주었다. 천사는 마리아가 아들을 낳을 것인데, 그의 이름을 예수('구원자'를 의미한다)라고 하라고 하였다. 그가 사람들을 죄에서 구원할 것이기 때문이었다.

요셉은 천사가 명한 대로 마리아와 결혼하였으나 그녀가 아들을 낳을 때까지는 잠자리를 같이하지 않았다.

구주가 나셨다

예수님은 로마 제국 아우구스투스 황제 치하에 태어났다. 당시 아우구스투스가 유대인들에게 출생지에 가서 호적 등록을 하라는 칙령을 내려 요셉은 호적 등록을 위해 베들레헴으로 갔다. 출산을 앞둔 마리아 역시 그와 함께 갔다.

마리아는 베들레헴에서 아기를 낳았다. 그들은 여관에서 방을 구하지 못하여 말구유에 갓난아기를 뉘였다.

주님의 천사가 목자들에게 나타나지 않았다면, 예수님의 탄생은 알려지지 않은 채 지나갔을지도 모른다. 목자들이 양떼를 지키고 있을 때, 주님의 천사가 그들에게 나타났다.

그들이 몹시 두려워하자 천사가 그들에게 말하였다. "두려워하지 말라. 나는 큰 기쁨의 소식을 너희에게 전하여 준다. 다윗의 동네(베들레헴)에 구주가 나셨으니, 그는 곧 그리스도 주님이시다. 너희는 구유에 뉘어 있는 아기를 볼 것인데, 이것으로 그를 알게 될 것이다."

그때 갑자기 많은 천사의 무리가 나타나 하나님을 찬양하였다. "지극히 높은 곳에서는 하나님께 영광이요, 땅에서는 주님께서 기뻐하시는 사람들에게 평화로다." 천사들은 나타날 때와 마찬가지로 갑자기 사라졌다.

목자들은 서둘러 베들레헴으로 갔다. 그들은 천사가 말했던 그대로 요셉과 마리아와 구유에 누워 있는 아기를 찾아냈다. 그들은 천사들에게 들은 이야기를 요셉과 마리아에게 전하였다. 마리아는 그 모든 말을 마음속에 담아 두었다.

요셉과 마리아는 헌신된 유대인이었다. 그들은 천사가 지시한 대로 아들이 태어난 지 8일째 되는 날에 그의 이름을 '예수'라고 지었다. 그들은 또한 모세의 율법에 따라 아기가 태어난 지 40일이 됐을 때, 예루살렘으로 가서 주님께 아기를 드렸다.

당시 이스라엘의 많은 사람들이 구세주 메시아를 기다리고 있었다. 예루살렘에 거주하던 시므온은 그리스도를 보기 전에는 죽지 않을 것이라는 성령의 지시를 받은 매우 의롭고 경건한 자였다.

예수님께서 드려지던 날, 성령께서 시므온을 성전으로 인도하셨다. 때마침 마리아와 요셉이 아기 예수님을 안고 오자, 시므온이 아기를 받아 안고 하나님을 찬양하며 말하였다. "내 눈이 주님께서 모든 백성들과 주님의 백성 이스라엘을 구원하기 위해 보내신 구원자를 보았으니 이제 이 종이 평안히 죽을 수 있습니다."

시므온은 또한 마리아와 요셉을 축복하고, 백성들이 그녀의 아들을 거부함으로 마리아가 격렬한 고통을 경험하게 될 것이라고 예언하였다.

그때 안나라는 여선지자도 성전에 있었다. 당시 84세였던 그녀는 결혼하고 7년 만에 남편이 죽은 후 과부가 되어 성전을 떠나지 않고 밤낮으로 금식하고 기도하며 하나님을 섬기고 있었다.

그녀는 시므온이 마리아와 요셉에게 하는 말을 듣고 하나님을 찬양하기 시작했다. 그리고 사람들에게 하나님께서 이스라엘을 구원하시기 위해 그분의 아들을 보내셨다고 하였다.

이뿐 아니라 먼 곳에서 온 사람들이 메시아를 기다리고 있었다. 동방의 박사들이 유대인의 왕께 경배하기 위해 별을 보고 찾아온 것이다.

예수님의 유년시절

모든 사람들이 메시아의 탄생을 기뻐한 것은 아니었다. 예수님을 찾아가던 중 예루살렘에 들른 동방의 박사들을 통해 그리스도의 탄생 소식을 들은 헤롯 왕은 그 일이 자신의 왕권에 위협이 되지는 않을까 두려웠다. 헤롯이 이것에 관하여 종교 교사들에게 묻자, 그들은 베들레헴에서 메시아가 태어날 것이라는 예언이 있다고 알려주었다. 헤롯은 동방 박사들에게 아기를 찾게 되거든 자신에게 알려달라고 부탁하였다. 그는 "나도 가서 그에게 경배할 생각이오"라고 말하였다.

박사들이 헤롯을 만난 후, 별이 그들을 베들레헴으로 인도하여 마리아와 요셉이 머물고 있는 집 위에 멈췄다. 그들은 마리아의 아들을 보고 절한 후 황금과 값 비싼 향유를 선물로 드렸다.

아기를 경배한 박사들은 올 때와는 다른 길로 고국으로 돌아갔다. 천사가 그들에게 헤롯 왕이 그 아기를 경배하려는 것이 아니라 죽이려 한다고 경고해주었기 때문이다.

천사는 또한 요셉의 꿈에도 나타나서 경고하였다. "헤롯이 네 아들을 죽이려고 계획하고 있으니 이집트로 피신하여 내가 돌아오라고 말할 때까지 거기 있으라." 요셉은 지체하지 않고 그날 밤에 바로 이집트로 피신하였다.

헤롯은 박사들이 자신에게 아기가 있는 곳을 알려주지 않고 떠났다는 것을 뒤늦게 알고서 몹시 화가 났다. 그는 병사들을 보내어 베들레헴 지역의 2살 이하의 모든 사내아이들을 죽였다.

헤롯이 죽은 후, 주님의 천사가 요셉에게 나타나 이제는 안전하니 이스라엘로 돌아가라고 하였다. 그들은 베들레헴으로 돌아가지 않고, 갈릴리 북쪽 지방인 그들의 고향 나사렛으로 돌아갔다.

예수님은 나사렛에서 성장하였다. 하나님의 은혜가 항상 예수님과 함께했으며, 그분에게는 지혜가 넘쳤다. 예수님의 부모는 모든 율법의 요구들을 지켜 주님을 영화롭게 하였다. 그들은 매년 유월절(이스라엘이 이집트의 노예 생활에서 벗어난 것을 기념하는 절기)을 지키러 예루살렘으로 올라갔다. 예수님께서 12살이셨던 해에도 변함없이 온 가족이 함께 예루살렘에 갔다.

절기를 마치고 집을 향해 하룻길을 갔을 때, 마리아와 요셉은 일행 중에 있을 것이라고 생각했던 예수님을 찾을 수가 없었다. 친족과 아는 자들 중에서 예수님을 찾지 못하자 그들은 예루살렘으로 돌아가 그곳에서 사흘 만에 예수님을 다시 만났다. 주님은 성전에서 종교 교사들과 복잡한 율법 문제들에 관해 토론하고 계셨다. 당시 모든 사람들이 그분의 지혜와 율법에 대한 이해에 경탄하였다.

그 광경을 본 마리아와 요셉은 당황하였다. 그들은 그 상황을 어떻게 생각해야 할지 몰랐다. 마리아가 아들 예수님께 이렇게 말하였다. "얘야, 이게 무슨 일이냐? 네 아버지와 내가 너를 찾느라고 얼마나 애를 태웠는지 모른다."

그러자 예수님께서 대답하셨다. "어찌하여 나를 찾으셨습니까? 내가 내 아버지의 집에 있어야 할 줄을 알지 못하셨습니까?" 그러나 그들은 그 말을 이해하지 못했다.

예수님은 부모와 함께 나사렛으로 돌아가서 그들에게 순종하셨다. 주님은 계속해서 성장하셨으며, 하나님과 사람에게 많은 사랑을 받으셨다.

요약

헤롯이 유대의 왕이었을 때, 천사장 가브리엘이 제사장 사가랴에게 나타나 그의 아내 엘리사벳이 아들을 낳을 것이라고 알려주었다. 그들의 아들 요한은 태어날 때부터 성령으로 충만하며, 사람들의 마음을 하나님께로 돌이키게 함으로써 주님의 오심을 준비할 자였다.

6개월 후 하나님은 가브리엘을 유대인 처녀 마리아에게 보내셔서 그녀가 하나님의 아들을 낳게 될 것이라고 알려주셨다. 당시 마리아는 요셉과 약혼만 하고 아직 결혼하지 않은 상태였기 때문에 아들을 낳는 것이 불가능하다고 생각하였다. 그러나 가브리엘은 하나님께는 모든 일이 가능하며, 그녀가 성령의 능력으로 잉태할 것이라고 하였다.

요셉은 마리아가 임신한 것을 알고 파혼하려고 하였다. 그러나 주님의 천사가 꿈에 나타나 마리아가 부정한 일을 하지 않았다고 확신시켜 주었다.

예수님은 유대 지방의 작은 동네 베들레헴에서 태어나셨다. 그때 큰 무리의 천사들이 목자들에게 나타나 하나님을 찬양하며 이스라엘이 오랫동안 기다려온 구세주의 탄생을 알려주었다. 목자들은 베들레헴으로 가서 아기 예수께 경배하고, 하나님께 영광을 돌리고 찬양하며 돌아갔다.

동박 박사들로부터 메시아의 탄생에 대한 이야기를 들은 헤롯은 왕권에 대한 위협을 느껴 베들레헴의 2살 이하의 남자아기들을 모두 죽이라고 명령하였다.

요셉과 마리아는 아기 예수님을 데리고 이집트로 피신하였다가 헤롯이 죽은 후 나사렛으로 돌아왔다. 예수님은 그곳에서 유년시절을 보내셨다.

2
CHAPTER

예수님의 초기 사역
(사복음서)

주요 등장인물

세례 요한 | 예수님 | 사탄 | 초기의 제자들

마리아(예수님의 어머니) | 니고데모 | 사마리아 여인

배경

갈릴리(북쪽 지방) | 가나(갈릴리에 있는 마을) | 유대(남쪽 지방)

사마리아(중부 지방) | 수가(사마리아에 있는 마을) | 요단 강

세례를 받으심

디베료 황제 통치 제 15년에 하나님의 말씀이 사가랴의 아들 요한에게 임하였다. 이때부터 요한은 광야에서 지내며 사역을 시작하였다. 그는 거친 낙타털로 만든 옷을 입고 가죽 띠를 띠고 메뚜기와 들꿀을 먹었다.

요한은 다소 거칠고 대담하였지만, 많은 사람들이 도처에서 와서 그의 말을 들었다. 그는 주님께서 가까이 오셨으니 회개하라고 외쳤다. 사람들은 죄를 자복하고, 요단 강에서 그에게 세례를 받았다.

요한의 가르침은 대단히 직설적이고 대범했다. 한 무리의 종교 지도자들이 그가 무슨 일을 하고 있는지 보러 오자, 요한은 그들에게 독사의 자식들이라고 하며 회개하라고 도전하였다. “하나님의 다가올 진노를 피하라. 그분께로 돌이켜라. 너희가 아브라함의 자손이기 때문에 심판을 면할 것이라고 생각하지 말라.”

그는 하나님의 심판이 임박하였다고 경고하였다. “좋은 열매를 맺지 않는 나무는 다 찍어서 불 속에 던지실 것이다.”

군중들이 “그러면 우리는 어떻게 해야 합니까?” 하고 묻자, 그는 긍휼을 베풀고, 정직하고 정의롭게 행해야 한다고 하였다. 그는 부유한 자들에게는 가난한 자들을 도와주라고 하고, 세리들에게는 정해진 세금보다 더 받지 말라고 하였다. 그리고 군인들에게는 봉급에 만족하고, 그들의 힘을 사용해서 돈을 빼앗거나 거짓 고소를 하지 말라고 경고하였다.

하루는 예수님께서 요한이 사람들에게 세례를 주고 있는 곳으로 오셔서 세례를 받겠다고 하셨다. 요한은 “제가 당신께 세례를 받아야 할 사람입니다. 당신은 회개할 필요가 없으십니다”라고 하며 만류하였다. 그러나 예수님은 요한에게 그렇게 하여 모든 의를 이루는 것이 합당하다고 말씀하셨다.

요한이 예수님께 세례를 베풀 때, 하늘이 열리고 하나님의 영이 비둘기처럼 예수님 위에 내리는 것을 보았다. 하나님은 “이는 내가 사랑하는 아들이다. 내가 그를 기뻐한다”고 말씀하셨다.

그 후 성령께서 예수님을 이끌어 유대 광야 한적한 곳으로 데려가셨다. 예수님은 40일 동안 금식하셨고, 사탄이 와서 주님을 세 번 유혹하였다. 첫 번째로 그가 말했다. “네가 하나님의 아들이라면, 이 돌들을 빵으로 만들어 보아라." 이에 예수님께서 대답하셨다. "성경이 말하기를 '사람이 빵으로만 살 것이 아니라 하나님의 말씀으로 살 것이다'고 하였다."

사탄은 두 번째로 주님을 시험하였다. 그는 예수님께 하나님이 천사들을 보내어 붙들어주실 것이니 성전에서 뛰어내려 보라고 하였다. 그러자 예수님께서 말씀하셨다. "또 성경에 기록되기를 '주 너의 하나님을 시험하지 말라'고 하셨다."

또다시 사탄은 예수님을 높은 산꼭대기로 데리고 가서 세상의 모든 나라를 보여주며 말했다. "네가 나에게 엎드려 절을 하면, 이 모든 것을 네게 주겠다." 주님께서는 사탄에게 물러가라고 하시며 이렇게 말씀하셨다. "주 너의 하나님께 경배하고, 그분만을 섬겨라." 사탄이 예수님을 떠난 뒤에 하나님의 천사들이 와서 그분께 시중을 들었다.

예수님께서 세례와 시험을 받으신 후에도 요한은 그의 사역을 계속하였다. 그는 이스라엘에 작지 않은 동요를 일으켰다. 많은 사람들이 메시아를 고대하였기 때문에 일부에서는 그가 메시아일 것이라고 생각했지만, 그는 이를 부정했다. "나는 주님의 길을 예비하라고 광야에서 외치는 소리일 뿐이오. 나는 물로 세례를 주지만, 앞으로 나보다 더 큰 이가 오실 것이오. 나는 그분의 신발 끈을 풀 만한 자격도 없는 사람이오. 그분이 오시면 여러분에게 성령과 불로 세례를 주실 것이오."

어느 날 요한은 예수님을 보고 소리쳤다. "보시오, 세상 죄를 지고 가는 하나님의 어린 양이오." 요한은 자신이 예수님이 어떤 분이신지 분명히 알고 있다고 증언하였다. 그는 예수님께서 세례를 받으실 때에 성령이 그분 위에 내리는 것을 보았고, 그분이 하나님의 아들임을 안다고 하였다.

제자들을 부르심

예수님께서 사역을 시작하시면서 몇몇 사람들을 그분의 제자로 부르셨다('제자'는 배우는 사람을 의미한다). 다음날 요한이 자기를 따르는 자들과 함께 있을 때, 예수님이 지나가시자 "보아라, 하나님의 어린 양이다" 하고 외쳤다.

그 말을 들은 요한의 제자 두 명이 예수님을 따르기로 결심하였다. 그들이 예수님을 따라 걷기 시작했을 때, 주님께서 돌아서서 그들에게 원하는 것이 무엇이냐고 물으셨다. 그들은 예수님이 계신 곳을 물었고, 주님은 그들에게 '와서 보라'고 말씀하셨다. 그들은 그날 주님과 함께 지냈다.

그들 중 하나는 시몬이라는 형제를 둔 안드레였다. 안드레는 시몬에게 메시아를 보았다고 하며 그를 예수님께 데려갔다. 시몬이 예수님을 만났을 때, 주님은 그의 이름을 '반석'을 의미하는 베드로로 바꿔주셨다.

다음날 예수님께서 갈릴리로 떠나시기 전에 빌립을 제자로 부르셨다. 빌립은 그의 친구 나다나엘에게 가서 모세와 여러 선지자들이 이스라엘에 오실 것이라고 예언했던 바로 그분을 만났다고 하며, 그분이 나사렛 출신 요셉의 아들이라고 소개하였다.

나다나엘은 깜짝 놀라 이렇게 물었다. "예수가 나사렛 출신인 것이 확실하오? 메시아가 정말 거기서 나올 수 있소?" 빌립은 나다나엘에게 그분과 직접 만나서 이야기를 해보고 나서 스스로 판단하라고 하였다.

두 사람이 다가오자, 예수님께서 나다나엘에게 말씀하셨다. "이는 참으로 거짓이 없고 진실한 사람이다."

그러자 나다나엘이 물었다. "어떻게 저를 아십니까?"

예수님은 빌립이 그와 말하기 전, 나다나엘이 무화과나무 아래에 있을 때에 그를 보셨다고 말씀하셨다.

그 말에 놀란 나다나엘이 이렇게 말하였다. "선생님, 선생님은 과연 하나님의 아들이시요, 이스라엘의 왕이십니다."

예수님께서 대답하셨다. "너는 이 말보다 더 큰 일을 보게 될 것이다. 앞으로 하늘이 열리고 천사들이 인자 위에 오르락내리락하는 것을 보게 될 것이다."

갈릴리

예수님의 첫 번째 기적은 갈릴리 가나에서 일어났다. 예수님과 그의 제자들은 한 결혼 잔치에 초대를 받았고, 예수님의 어머니 마리아도 거기에 있었다. 잔치 중에 포도주가 떨어졌는데, 마리아가 예수님께 포도주가 없다며 그들을 도와줄 수 있는지 물어보았다. 예수님은 "이것은 제가 관여할 문제가 아닙니다. 아직은 저의 때가 아닙니다"라고 답하셨다.

마리아는 일꾼들에게 예수님께서 무엇을 시키시든 그대로 하라고 말하였다. 예수님은 가까운 곳에 놓인 유대인들의 정결 예식에 사용되던 돌로 만든 물항아리를 발견하셨다. 여섯 개의 항아리에는 600-700리터의 물이 들어가는데, 이미 손님들이 사용해서 항아리가 모두 비어 있었다.

예수님은 하인들에게 항아리들을 물로 채우고 그것을 떠서 잔치를 맡은 이에게 가져다주라고 지시하셨다. 물은 기적적으로 포도주로 바뀌었지만, 잔치를 맡은 이는 그 사이 무슨 일이 있었는지 알지 못했다. 그는 그것을 맛보고 신랑에게 이렇게 말했다. "누구든지 먼저 좋은 포도주를 내놓고 손님들이 취한 뒤에 덜 좋은 포도주를 내는데, 자네는 지금까지 좋은 포도주를 남겨두었구려!"

엄청난 양의 물이 포도주로 변한 사건은 예수님께서 분명 약속된 메시아이시고 하나님의 아들이시라는 증거였다.

이후에 예수님과 제자들은 가버나움(갈릴리 바다 옆)에서 그분의 어머니와 형제들과 며칠 동안 함께 지냈다. 그리고 그들은 유월절을 지키기 위해 예루살렘으로 떠났다.

예루살렘과 유대

예루살렘으로 올라가신 예수님은 성전에 가셨다. 주님께서는 성전

뜰에서 동물들을 팔고 있는 상인들과 환전하는 사람들을 보시고는 몹시 화가 나셨다. 주님은 노끈으로 채찍을 만들어 양과 소를 내쫓으시고 돈을 바꾸어주는 사람들의 상을 둘러엎으신 후 이렇게 말씀하셨다. "이것을 걷어치워라. 내 아버지의 집을 장사하는 집으로 만들지 말라."

예수님의 제자들이 그의 열심을 보고 구약의 선지자들이 메시아는 하나님의 집을 열정적으로 지킬 것이라고 예언했던 것을 기억하였다. 하지만 유대 지도자들은 주님의 권위에 도전하였다. 그들은 예수님께 하나님께서 그에게 신성한 권위를 주셨다는 것을 증명하는 기적적인 표징을 보여달라고 요구하였다.

이에 예수님은 수수께끼 같은 대답을 하셨다. "이 성전을 허물어라. 그러면 내가 사흘 만에 다시 세우겠다."

그러자 지도자들이 말하였다. "이 성전을 짓는 데 46년이나 걸렸는데, 이것을 사흘 만에 세우겠다고?" 그들은 예수님께서 유대인의 성전이 아니라 그분의 몸을 두고 하신 말씀임을 알지 못했다. 부활 이후에야 제자들은 예수님께서 말씀하신 것을 기억하고, 성경과 주님의 말씀을 믿었다.

모든 사람이 예수님을 의심했던 것은 아니었다. 유월절을 지키기 위해 예루살렘에 왔던 많은 사람들이 주님이 행하시는 기적을 보고 그분이 메시아이심을 믿었다. 하지만, 사람들의 중심을 아셨기 때문에 예수님은 그들을 의지하지 않으셨다.

예수님께 감동을 받은 사람들 중 니고데모라는 종교 지도자가 있었는데, 어느 날 밤에 예수님을 찾아와 말하였다. "선생님, 저는 하나님이 선생님을 보내셨다는 것을 압니다."

예수님은 이렇게 대답하셨다. "사람이 거듭나지 않으면, 하나님 나라에 들어갈 수 없다."

그 말에 니고데모는 당황하여 물었다. "사람이 어떻게 두 번 태어날 수 있습니까?"

예수님은 자신의 말이 (육체가 아닌) 영적인 거듭남을 의미하는 것이라고 설명해주셨다. 주님은 "오직 성령만이 영적인 생명을 낳을 수 있다"고 말씀하셨다.

니고데모가 "어떻게 이런 일이 있을 수 있습니까?" 하고 물었다.

예수님은 그가 이스라엘의 선생이면서도 영적인 실체를 이해하지 못하고 있다고 책망하셨다. "네가 땅의 기본적인 사실도 이해하지 못하는데, 어떻게 하늘의 진리를 이해할 수 있겠느냐?"

예수님은 그분이 하늘에서 내려와 땅으로 오신 이유는 온 세상 사람들에게 영생을 주기 위함이라고 말씀하셨다. "하나님은 모든 사람을 사랑하신다. 그분이 아들을 세상에 보내신 것은 세상을 심판하시려는 것이 아니라, 세상을 구원하시려는 것이다." 주님은 모든 사람들이 하나님의 아들을 믿는 것은 아닌데, 왜냐하면 그들이 자기 죄를 버리고 싶어 하지 않기 때문이라고 설명하셨다. "그들은 빛으로 나오는 것보다 어둠 속에 사는 것을 더 좋아한다."

예수님께서 예루살렘을 떠나 제자들과 함께 지내시기 위해 유대 지방으로 가셨다. 당시 요한과 그의 제자들도 그곳에서 사람들에게 세례를 주었다.

많은 사람들이 예수님을 따르는 것을 보고 요한의 제자들은 예수님이 요한보다 더 인기가 있다고 불평하였다.

이 사실은 요한에게 전혀 근심거리가 되지 못했다. 그는 자신이 메시아가 아님을 상기시켜 주었다. "나는 메시아의 오심을 예비하기 위해 여기 온 것이다." 요한은 예수님께서 흥하시게 된 것이 더할 나위 없이 기쁘다고 하였다.

예수님은 두 가지 이유로 갈릴리로 돌아가기로 결정하셨다. 첫째로, 예수님은 예루살렘의 종교 지도자들이 주님의 인기가 점점 커지고 있고 그분의 제자들이 빠르게 늘어나는 것에 대해 근심하고 있다는 것을 아셨다. 둘째, 요한이 옥에 갇혔다는 소식을 들으셨기 때문이다. 요한이 갈릴리 지방의 총독인 헤롯 안디바가 동생의 아내와 결혼한 일로 비난하자, 앙심을 품은 헤롯이 그를 체포하여 옥에 가두었다.

사마리아

예수님은 사마리아로 가는 길에 그분이 다른 유대인들과 얼마나 다른 분이신지를 보여주셨다. 대부분의 유대인들은 사마리아 사람들을 경멸하여 그 지역을 피하여 다른 길로 돌아서 갔다. 그러나 예수님은 유대에서 갈릴리를 향하여 북쪽으로 걸어가시다가 사마리아에 있는 수가라는 마을에서 멈추셨다.

정오 즈음 날이 뜨거울 때, 예수님은 마을 바깥에 있는 우물로 가셨다. 오래 걸으셔서 피곤하셨던 주님은 우물가에 앉으셨다. 제자들은 먹을 것을 사러 갔기 때문에, 예수님은 혼자 계셨다.

그때 한 여인이 물을 길으러 왔다. 예수님은 그녀에게 마실 물을 좀 달라고 말씀하셨다. 그녀는 놀라서 이렇게 물었다. "당신은 유대인이시고 저는 사마리아 여자인데, 어찌하여 저에게 물을 달라고 하십니까?"

예수님은 여인에게 이렇게 말씀하셨다. "네가 하나님의 선물을 알고, 또 너에게 물을 달라는 내가 누구인지를 알았더라면, 도리어 네가 나에게 물을 달라고 청하였을 것이다."

여인은 어리둥절했다. 왜냐하면 주님께는 두레박이 없었고, 우물은 매우 깊었기 때문이다. 그녀는 예수님께 어떻게 물을 주신다는 것인지, 그분이 그 우물을 팠던 야곱보다 더 위대하신 분인지 물었다.

이에 대한 예수님의 대답은 더 이해할 수 없었다. "이 물을 마시는 사람은 다시 목마를 것이다. 그러나 내가 주는 물은 그 사람 속에서 영생에 이르게 하는 샘물이 될 것이다."

여인은 예수님의 말씀을 이해하지 못한 채 그 물을 달라고 청하였다. 그녀는 그 물을 마신다면 다시는 목마르지 않을 것이고, 그러면 우물에 물을 기르러 오지 않아도 될 것이라고 생각했다.

그러자 예수님은 대화의 방향을 바꾸어 한 가지 명령을 하셨다. "가서, 네 남편을 불러 오너라."

그러자 여인이 대답했다. "저에게는 남편이 없습니다."

이어서 주님께서 말씀하셨다. "네 말이 옳다. 너에게는 남편이 다섯

이나 있었고, 지금 네가 같이 살고 있는 남자도 네 남편이 아니다."

이번에는 여인이 대화의 주제를 바꿨다. 그녀는 예수님이 선지자임이 분명하다고 말하며, 이렇게 물었다. "우리 사마리아 사람들은 여기서 예배를 드리는데 유대인들은 예루살렘에서 하나님을 예배합니다. 과연 어디에서 예배를 드려야 합니까?"

주님은 장소는 중요하지 않다고 말씀하셨다. "하나님은 영이시다. 그러므로 하나님께 예배드리는 사람은 영과 진리로 예배를 드려야 한다."

여인이 말했다. "저는 메시아가 오실 것을 압니다. 그가 오시면 우리에게 모든 것을 알려 주실 것입니다."

예수님께서 말씀하셨다. "내가 바로 그다."

그때 제자들이 마을에서 돌아와 예수님께서 여인과 말씀을 나누고 계신 것을 보고 놀랐지만, 감히 아무도 그것에 대해 묻지 않았다.

그 여인은 물동이를 버려두고 동네로 뛰어갔다. 그녀는 모든 사람에게 예수님과 나눈 대화에 대해 이야기했고, 그분이 자신의 과거에 대해 모든 것을 알고 계셨다고 전하였다. 그 이야기를 들은 사마리아 사람들이 그분을 보기 위해 달려왔다.

제자들이 예수님께 잡수시기를 권하였으나, "나에게는 너희가 알지 못하는 양식이 있다"고 하시며 거절하셨다.

제자들은 그들이 없는 동안 누군가가 예수님께 음식을 가져다드린 것은 아닐까 하고 서로 말하였다. 예수님은 하나님의 뜻을 행함으로써 아버지의 일을 온전히 이루는 것이 그분의 양식이라고 설명하셨다.

주님은 "눈을 들어서 밭을 보아라! 이미 곡식이 익어서 거둘 때가 되었다"고 말씀하셨다.

사마리아의 많은 사람들이 여인의 증언 때문에 예수님을 믿었다. 그들은 주님께 자기들의 마을에 머무시기를 청하였다. 예수님은 이틀 동안 거기 더 머무셨고, 그분의 말씀을 듣고 더 많은 사람들이 믿게 되었다. 그들은 여인에게 이렇게 말하였다. "우리가 믿는 것은 이제 우리가 그 말씀을 직접 들었기 때문이오. 우리는 그분이 참으로 세상의 구주이심을 알았소."

요약

세례 요한은 한 가지 목적을 가지고 온 선지자였다. 그는 이스라엘이 예수 그리스도(메시아)의 오심을 준비하도록 보내심을 받았다. 그는 사람들에게 죄를 회개하라고 말하며, 회개한 사람들에게 세례를 주었다. 그는 또한 예수님께도 세례를 주었다.

이 일 후, 성령께서 예수님을 이끌어 유대 광야 한적한 곳으로 데려가셨다. 예수님은 40일 동안 금식하셨다. 그때 사탄이 와서 주님을 세 번 유혹하였으나 그분은 죄를 범하지 않으셨다.

사역을 준비하시면서 예수님은 제자로 훈련할 사람들을 부르셨다. 주님은 가나의 결혼식에서 첫 번째 기적을 행하셨다.

예루살렘으로 가신 예수님께서 성전에서 만난 종교 지도자들의 잘못을 지적하시자 그들은 분노하였다.

많은 사람들이 예수님의 기적 때문에 그분을 믿었다. 니고데모라는 유대인은 예수님을 하나님의 보냄을 받은 선생이라고 인정하였다. 예수님은 그가 거듭나지 않으면 하나님의 나라에 들어갈 수 없을 것이라고 말씀하셔서 니고데모에게 충격을 주셨다. 예수님은 근본적이고 기적적인 영적 변혁을 말씀하신 것이었다.

주님은 니고데모에게 하나님은 세상(모든 사람)을 사랑하신다고 확언하셨다. 그리고 사람들이 하나님의 아들을 믿지 않는 이유는 그들이 도덕적이고 윤리적인 진실함의 빛 가운데 살기보다는 어두움 가운데 사는 것을 더 좋아하기 때문이라고 말씀하셨다.

예수님은 바리새인들이 예루살렘에서 그분이 하신 사역을 조사하고 있다는 것을 아시고, 갈릴리로 돌아가기로 결심하셨다. 주님은 사마리아를 통과하는 길을 선택하셨다.

사마리아의 우물가에서 예수님은 한 여인을 만나셨다. 주님께서 말을 걸자 여인은 매우 놀랐다. 왜냐하면 유대인들은 사마리아인들을 경멸하여 그들과는 교제를 나누지 않았기 때문이다. 예수님은 그녀에게 '생수' 즉 영생을 말씀하셨다.

여인은 마을로 가서 자기가 만난 이 놀라운 남자에 대해 모든 사람에게 이야기하였다. 여인의 이야기를 들은 사마리아 사람들도 예수님을 만나고는 그분이 '세상의 구주'이심을 깨닫게 되었다.

3
CHAPTER

위대한 갈릴리 사역
(사복음서)

주요 등장인물

예수님 | 열두 제자 | 바리새인들과 유대 지도자들

배경

갈릴리(북쪽 지방) | 나사렛(갈릴리에 있는 마을)

가버나움(갈릴리에 있는 마을) | 갈릴리 바다

가르침과 치유

예수님께서 갈릴리에 도착하셨을 때, 그분은 열광적인 환영을 받으셨다. 많은 갈릴리 사람들이 유월절에 주님이 예루살렘에서 행하시는 기적을 보았기 때문이다.

갈릴리는 예수님께서 폭넓은 사역을 시작하신 곳이다. 주님은 회당에서 가르치시고, 많은 군중들에게 하나님 나라에 대해 선포하셨다. 또한 온갖 종류의 질병을 앓는 사람들을 고치시고 귀신에 사로잡힌 사람들을 자유케 하셨다.

예수님은 사람들 사이에서 매우 인기가 많아 제자들뿐 아니라 많은 군중들이 그분이 가시는 곳마다 따라다녔다.

예수님께서 이전에 물로 포도주를 만드셨던 곳인 가나에 머물고 계실 때, 한 정부 관리가 그분을 찾아왔다. 그는 주님께 가버나움으로 오셔서 죽을 병에 걸린 자기 아들을 고쳐달라고 애원하였다.

예수님께서 말씀하셨다. "사람들은 기적을 보지 않고는 전혀 믿으려 하지 않느니라."

그 관리는 간절하고 결연하게 간청하였다. "제발 우리 아이가 죽기 전에 내려와 주십시오."

그 사람은 믿음으로 끈질기게 간청하였다. 주님은 가버나움으로 가지도 않으시고 그저 "돌아가거라. 네 아들이 살 것이다"라고 말씀하셨다.

그 관리는 예수님의 말씀을 믿고 집으로 돌아갔다. 그가 가버나움으로 가는 도중 그의 종들이 마중 나와서 아들이 회복되었다고 전해주었다. 아들이 언제 좋아졌는지 묻자 종들은 그 아들의 열이 어제 오후에 갑자기 떨어졌다고 말했다. 아이의 아버지는 그때가 예수님께서 "네 아들이 살 것이다"라고 말씀하셨던 때임을 알았다. 그때부터 그의 온 집안이 예수님을 믿었다.

안식일에 예수님께서 나사렛에 있는 회당으로 가셔서 이사야의 예언서를 읽으셨다.

> 주님의 영이 내게 내리셨다.
>
> 주님께서 내게 기름을 부으셔서
>
> 가난한 사람에게 기쁜 소식을 전하게 하셨다.
>
> 주님께서 나를 보내셔서

포로된 사람들에게 해방을 선포하고,

눈 먼 사람들에게 눈 뜸을 선포하고,

억눌린 사람들을 풀어주고,

주님의 은혜의 해를 선포하게 하셨다(눅 4:19-19, 사 61:1-2 인용).

이 말씀을 읽은 후 예수님은 두루마리를 말아서 되돌려주시고, 자신이 이사야의 예언을 성취하러 오셨다고 말씀하셨다. 사람들은 주님께 깊은 인상을 받았지만, 그가 메시아라고 믿지는 않았다. 그들은 그가 요셉의 아들일 뿐이라고 생각하였다.

예수님은 그들의 반응에 크게 개의치 않으셨다. 선지자가 자기 고향에서는 환영을 받지 못한다는 것을 알고 계셨기 때문이다.

주님은 구약의 엘리야와 엘리사의 이야기를 하시며 그들의 불신을 지적하셨다. 하나님께서 심각한 가뭄으로 이스라엘 땅을 황폐하게 하셨을 때, 엘리야는 이스라엘에 있는 누구도 돕지 않았다. 대신 그는 이방인 과부에게 음식을 공급해주었다. 엘리사 또한 이스라엘에 나병 환자가 많이 있었지만 그들 가운데 아무도 치유하지 않았고, 오직 시리아 군대의 장군이었던 나아만을 고쳐주었다.

이 이야기를 들은 사람들은 몹시 분노하였다. 그들은 예수님을 공격하여 절벽에서 밀쳐 떨어뜨리려 하였으나 주님께서는 유유히 그곳을 떠나셨다.

하루는 예수님께서 가르치실 때 매우 많은 사람들이 몰려와 배에 오르시기로 하였다. 주님은 이전에 만난 적이 있었던 베드로에게 노를 저어 배를 뭍에서 조금 떼어놓게 하신 후, 배에 앉아서 사람들을 가르치셨다.

말씀을 마치시고, 주님은 베드로에게 더 깊은 데로 가서 그물을 던지라고 말씀하셨다. 베드로는 그들이 밤새도록 애를 썼지만 아무것도 잡지 못했으므로, 아마 이번에도 아무것도 잡지 못할 것이라고 말씀드렸다. 그러나 그는 주님의 말씀에 순종하여 다시 한 번 시도하였다.

예수님의 말씀대로 하자 매우 많은 고기가 잡혀 배가 잠길 지경이었다. 그는 동료들의 도움을 받아 물고기를 육지로 끌어올렸다.

베드로는 해변에 올라와서 예수님 앞에 무릎을 꿇고 이렇게 말하였다. "주님, 저에게서 떠나 주십시오. 저는 죄인입니다." 예수님은 베드로와 그 옆에 있던 안드레에게 말씀하셨다. "나를 따라오너라. 내가 너희를 사람을 낚는 어부가 되게 하겠다."

그들은 즉시 응답하여, 그들의 배와 그물을 버려두고 예수님의 제자가 되었다. 또한 주님은 다른 두 명의 어부에게 자신을 따르라고 말씀하셨다. 이에 야고보와 요한 역시 예수님을 따르기로 하였다.

예수님은 안식일에 가버나움에 있는 회당으로 가셔서 가르치기 시작하셨다. 사람들은 그분의 권위 있는 가르침에 놀랐다. 그때 갑자기 한 귀신 들린 사람이 예수님께 큰 소리로 외쳤다. "우리를 없애려고 오셨습니까? 나는 당신이 하나님이 보내신 거룩한 분이심을 압니다."

예수님은 그 귀신에게 잠잠하라고 하시며 그 사람에게서 나오라고 명령하셨다. 즉시 악한 영이 비명을 지르며 그 사람에게서 떠났다.

회당에 있던 모든 사람들이 예수님의 권위와 능력에 놀랐다. 그가 하신 일에 대한 소문이 갈릴리와 주변 지역에 두루 퍼졌다.

예수님과 제자들은 회당을 떠나 안드레와 베드로 형제의 집으로 갔다. 당시 베드로의 장모가 열병을 앓고 있었는데, 주님은 그녀를 잡아 일으키셨다. 그녀는 곧 일어나서 힘을 되찾고, 손님들을 위해 식사를 준비했다.

그날 저녁, 환자와 귀신 들린 사람들이 도처에서 도움을 구하러 왔다. 예수님은 아픈 사람들을 모두 치유하시고 귀신을 쫓아내셨다. 한번은 귀신이 나오면서 "당신은 하나님의 아들입니다!"라고 소리쳤다. 그러나 주님께서는 귀신들이 이렇게 말하는 것을 허락하지 않으셨다.

예수님은 저녁 늦게까지 사역을 하셨음에도 불구하고, 다음날 아침 일찍 일어나 기도하기 위해 한적한 곳으로 가셨다. 제자들이 주님을 찾아가서 "모든 사람들이 선생님을 찾고 있습니다!"라고 말하였다.

주님께서는 "나는 다른 동네에서도 하나님 나라의 복음을 전해야 한다"고 대답하셨다.

예수님은 계속해서 갈릴리 전역에서 복음을 선포하시고 사람들을 고치셨다. 주님에 대한 소문은 갈릴리와 유대와 요단 동쪽 지방까지 두루 퍼졌다.

반대에 직면하다

고대 세계에서 가장 치명적인 질병 가운데 하나는 나병이었다. 그러나 예수님은 단순한 접촉과 말씀으로 그것을 고치셨다. 한 나병환자가 예수님께 와서 그 앞에 무릎을 꿇고 말하였다. "주님은 하고자 하시면, 저를 깨끗하게 해주실 수 있습니다."

예수님께서 말씀하셨다. "그렇게 해주마." 예수님께서 손을 내밀어서 그에게 대시자 즉시 치유되었다. 주님은 그 사람에게 아무에게도 말하지 말라고 하셨지만, 그는 예수님의 지시를 무시하였다. 그가 고침 받은 일을 모든 사람에게 이야기했기 때문에, 예수님은 마을로 들어가실 수 없었다. 주님은 교외에서 대부분의 시간을 보내시고 기도하셨다.

며칠 후, 예수님께서 가버나움으로 돌아가셨다. 그날 너무 많은 사람들이 그분의 가르침을 들으러 왔기 때문에 많은 사람들이 밖에 서 있어야 했다. 예수님께서 하나님의 말씀을 가르치고 계시는데, 네 남자가 중풍에 걸린 친구를 침상에 눕힌 채로 데리고 왔다. 그들은 문을 통해 예수님께 가려 하였지만, 사람들이 너무 많아서 들어갈 수가 없었다. 그렇다고 포기할 수 없었던 그들은 지붕으로 기어 올라가 구멍을 뚫어 친구를 침상에 누인 채 예수님께 달아 내렸다.

그들의 믿음을 보신 주님께서 이렇게 말씀하셨다. "이 사람아, 네 죄가 용서받았다."

그 말을 들은 종교 지도자들 중 일부가 심하게 동요했다. 그들은 "이 사람은 자기가 누구라고 생각하는가? 오직 하나님만이 죄를 용서하실 수 있다!"고 하였다.

예수님은 그들이 무슨 생각을 하는지 아시고 물으셨다. "어찌하여 너희가 불쾌하게 생각하느냐? 중풍병자를 고치는 것이 더 쉬우냐, 아니면 그의 죄를 용서하는 것이 더 쉬우냐?" 그 후 예수님께서 그 사람에게 돌아서서 말씀하셨다. "일어나서 침상을 들고 네 집으로 가라."

그 사람은 벌떡 일어나서 군중 사이를 뚫고 집으로 갔다. 이것을 목격한 모든 사람들이 하나님을 찬양하였다. 그들 모두 이런 권위와 능력을 가진 사람을 이전에는 본 적이 없었다.

죄인을 위하여 오시다

예수님께서 제자로 삼으신 사람들이 모두 어부는 아니었다. 한 사람은 세리였다. 주님께서 갈릴리 바닷가에서 큰 무리의 사람들을 가르치시던 중 길가 세관에 앉아 있는 마태를 보셨다. 예수님은 그에게 "내 제자가 되기를 원한다면 나를 따라오너라" 하고 말씀하셨다. 마태는 주저하지 않고 즉시 일어나서 예수님을 따랐다.

예수님과 함께 지낸 지 오래지 않았을 때, 마태는 친구들에게 잔치를 베풀었다. 그들 중 많은 사람들이 경건한 유대인들이 경멸하는 부류의 사람들과 세리였다. 그러나 예수님께 그 사실은 문제가 되지 않았다. 주님과 제자들은 앉아서 사람들과 어울려 음식을 먹었다.

그것을 보고 바리새인들(모세의 율법을 엄격하게 따르고, 자신이 천하다고 생각하는 사람들과는 교제를 나누지 않는 지도자들)과 교사들이 예수님의 제자들에게 불평을 하였다. "어찌하여 당신네 선생은 세리와 죄인들과 어울려서 음식을 드시오?"

이에 예수님께서 대답하셨다. "건강한 사람에게는 의사가 필요하지 않으나 병든 사람에게는 필요하다. 나는 스스로 의인이라고 생각하는 사람을 구원하러 온 것이 아니라 자기가 죄인이며 회개가 필요하다고 생각하는 사람들을 구원하러 왔다."

예수님은 사역을 하시는 내내 이스라엘의 종교 지도자들의 격렬한 반대에 직면하셨다. 주님께서 그들의 전통에 대하여 끈질기게 도전하셨기 때문이다. 안식일과 관련된 문제에 있어서 특히 그랬다. 예수님은 규율보다는 사람에게 더 관심이 있으셨기 때문에, 그들의 안식일 규정들을 무시하셨다.

안식일 논쟁

예수님께서 유대인의 절기를 지키기 위해 예루살렘으로 가셨을 때, 많은 환자들이 병을 고침 받기 위해 모여 있는 한 못 앞에 38년 된 병자가 자리를 깔고 누워 있었다. 예수님께서 그에게 이렇게 물으셨다. "낫고 싶으냐?"

그러자 남자가 말했다. "천사가 물을 휘저어 놓을 때 저를 못에 넣어줄 사람이 없습니다. 그래서 매번 누군가 저보다 먼저 들어갑니다."

예수님께서 말씀하셨다. "일어나서 네 자리를 걷어 가지고 가라." 그러자 그 사람은 즉시 일어나서 자리를 가지고 걸어갔다.

유대인 지도자들은 그 광경을 보고 충격을 받아 그에게 이렇게 말하였다. "율법이 안식일에 자리를 들고 가는 것을 금하고 있다."

그러자 그가 말하였다. "나를 낫게 해주신 분이 나더러 자리를 걷어 가지고 가라고 말씀하셨습니다." 그들은 감히 그에게 그렇게 하라고 말한 사람이 누구인지 알려달라고 요구했지만, 그는 누가 자신을 고쳐 주었는지 알지 못했다. 그가 나은 후 예수님이 군중들 사이로 사라지셨기 때문이다.

그 뒤에 예수님께서 성전에서 그를 만나 말씀하셨다. "다시는 죄를 짓지 말라. 그리하여 더 나쁜 일이 너에게 생기지 않도록 하여라." 그러자 그 사람은 유대 지도자들에게 가서 자신을 고쳐주신 분이 예수님이라고 알려주었다.

그들은 예수님을 찾아가 안식일 규정을 어겼다고 비난하였다. 이에 예수님께서 그들에게 말씀하셨다. "내 아버지께서 안식일에도 일하고 계시니, 나에게도 그와 같이 긍휼을 베풀 권리가 있다."

주님의 말씀은 유대인들을 격노하게 만들었다. 그분이 안식일 규정을 어겼을 뿐만 아니라, 하나님을 아버지라고 불러 자신을 하나님과 동등한 위치에 놓았기 때문이다. 그때부터 그들은 예수님을 죽일 음모를 꾸미기 시작하였다.

절기가 끝나고, 예수님과 제자들은 갈릴리로 돌아갔다. 그들은 안식일에 밀밭 옆을 걸어갔는데, 배가 고팠던 제자들이 이삭을 잘라 먹었다.

바리새파 사람 몇 명이 그것을 보고 예수님께 불평하였다. "보십시오. 당신의 제자들이 안식일에 추수를 하여 율법을 어기고 있소."

이에 예수님은 다윗 왕과 그의 병사들도 굶주렸을 때 성막에 들어가서 제사장들만 먹을 수 있었던 거룩한 빵을 먹었다고 대답하셨다. 뿐만 아니라, 율법은 성전의 제사장들이 안식일에 그들의 신성한 의무를

수행하는 것을 허용하고 있었다. 예수님은 바리새파 사람들에게 그들이 완전히 잘못 알고 있다고 말씀하셨다. "주님께서는 사람의 유익을 위하여 안식일을 지정하신 것이지, 안식일을 위하여 사람을 만드신 것이 아니다. 나, 인자는 사람과 안식일의 주인이다."

예수님께서 이렇게 주장하신 후, 종교 지도자들은 주님을 고발할 근거를 찾기 위해 그분을 더 유심히 지켜보았다. 그들은 예수님이 회당에 가신 안식일에 덫을 놓았다. 손이 오그라든 사람이 거기 있었는데, 그들은 예수님이 그를 고쳐주신다면 율법을 어겼다는 빌미로 그분을 고소할 계획이었다.

그들은 율법이 안식일에 병을 고치는 것을 허락하는지 예수님께 물었다. 주님께서는 직접적으로 대답을 하지 않으셨다. 왜냐하면 그들이 음모를 꾸미고 있다는 것을 아셨기 때문이다. 주님은 손이 불편한 그 사람에게 사람들 앞에서 일어나라고 말씀하셨다. 그리고 주님은 종교 지도자들에게 두 가지 질문을 던지셨다. "율법은 안식일에 선한 일을 하는 것을 반대하느냐? 안식일에 생명을 구하는 것이 옳으냐, 죽이는 것이 옳으냐?"

그들은 예수님이 자신들을 겨냥하여 말씀하신다는 것을 알고 있었기 때문에 대답을 하지 않았다. 그들의 완악한 마음은 예수님을 노하시게 하였다. 주님은 그 사람에게 말씀하셨다. "손을 내밀어라!" 그가 손을 내밀자, 주님께서 그를 고치셨다.

바리새파 사람들은 일어서서 바깥으로 나갔다. 그들은 비밀스레 모임을 갖고 어떻게 예수님을 죽일지 모의하였다.

예수님은 종교 지도자들이 자신을 죽이려고 모의하고 있다는 것을 아시고 갈릴리의 다른 지역으로 떠나셨다. 그러나 주님은 너무 유명해지셔서 도처에서 사람들이 그분을 찾아왔다. 그들은 유대와 이두매(유대 남쪽 지역)와 요단 강 동쪽 지역에서 왔다. 더 멀리 북쪽의 두로와 시돈에서 온 사람들도 있었다. 예수님은 병든 사람들을 치유하시고, 악한 귀신들에게 자신이 누구인지 말하지 말라고 준엄하게 명령하셨다. 그들은 그분이 하나님의 아들이심을 알고 있었다.

새로운 가르침

어느 날, 밤새도록 기도하신 예수님께서 자기를 따르던 사람들을 모으시고 그들 가운데 열두 사람을 사도로 세우셨다. 주님은 그들에게 말씀을 전파할 권위와 악한 귀신을 쫓아내는 능력을 주셨다. 예수님은 야고보와 요한에게 '천둥의 아들들'이라는 별명을 붙여주셨다. 또 다른 사람 시몬(시몬 베드로가 아님)은 유대의 혁명가였다. 그리고 가룟 유다는 나중에 예수님을 배반하였다.

그 후에 많은 군중들이 산중턱으로 모여들기 시작했다. 그 중에는 병이 나은 사람들도 있었고, 귀신으로부터 놓임을 받은 사람도 있었다. 사람들은 예수님의 치유하는 능력 때문에 그분의 옷자락이라도 만지려고 하였다.

예수님께서 평탄한 곳을 발견하시고 앉으셔서 가르치기 시작하셨다. 주님은 사람들에게 근본적으로 다른 삶을 살라고 도전하셨다. 그분은 하나님이 필요하다는 것을 깨달은 사람들, 죄와 악으로 몹시 슬퍼하는 사람들, 겸손하고 의에 목마른 사람들, 자비롭고 평화를 이루는 사람들, 하나님께 헌신함으로 박해를 받는 사람들을 하나님이 축복하신다고 말씀하셨다. 하나님께서 이런 사람들을 귀하게 여기시고 천국에서 보상하실 것이라고 말씀하셨다.

예수님은 제자들에게 어두운 세상에서 빛과 같은 존재가 되라고 도전하셨다. 그리고 도덕적이고 영적인 온전함이 중요하다고 강조하셨다. 주님은 마음에 있는 죄가 그 사람의 진정한 성품을 드러낸다고 말씀하셨다.

예수님은 기도하고 금식하고 다른 사람들에게 감명을 주는 것보다 하나님을 영화롭게 하는 것에 더 관심을 기울여야 한다고 가르치셨다. 그리고 하나님이 우리에게 무엇이 필요한지 아시고 또 의로우시기 때문에 걱정할 이유가 없다고 하셨다.

예수님은 하나님께서 자신을 신뢰하는 자에게 복 주시길 기뻐하시므로 열심히 기도하라고 말씀하셨다. 그리고 다른 사람들에 대한 심판은 하나님께 맡기라고 말씀하셨다. 주님은 사람들과 관계를 맺으며 살아가는 방법을 이렇게 요약하셨다. "남에게 대접을 받고자 하는 대로 너희도 남을 대접하여라."

예수님은 새롭고 급진적인 삶을 살라는 그분의 도전을 받아들일 것인지 거부할 것인지, 스스로 선택하라고 요구하시며 산상 설교를 마무리하셨다. 주님은 심판의 날을 경고하시며, 지혜로운 사람은 그 가르침에 복종한다고 말씀하셨다.

이제껏 종교 지도자들로부터 이런 가르침을 들어본 적이 없었던 사람들은 주님의 말씀을 듣고 매우 놀랐다.

백부장의 종과 나인성 과부의 아들

예수님은 유대인이 아닌 자들을 위해서도 일하셨다. 가버나움으로 돌아가시자마자, 주님은 도움을 구하러 온 몇몇 유대 지도자들을 만나셨다. 그들은 유대 사람들의 친구인 로마 군대의 백부장에 대해 이야기했다. 그는 많은 사람을 도왔고, 심지어 회당을 지어주기도 하였다.

그런데 그 백부장의 종이 병에 걸려 죽게 되었다. 백부장의 친구들은 예수님께 그 종을 고쳐달라고 부탁하였다. 주님은 부탁을 받으시고 그의 집으로 향하셨다. 그런데 중간에 그 백부장이 직접 예수님을 만나러 와서 자신의 집으로 오실 필요가 없다고 하였다. 그는 예수님께서 말씀만 하셔도 자신의 종이 나을 것이라고 하였다.

그 말을 들으신 주님께서 그분을 따르던 사람들에게 몸을 돌이켜 말씀하셨다. "나는 이 사람의 믿음에 놀랐다. 이제껏 이스라엘 사람 가운데 아무에게서도 이런 믿음을 본 적이 없었다." 주님은 그 백부장에게 집으로 돌아가라고 하시며, 그의 종이 이미 나았다고 말씀하셨다. 바로 그 시각에 그 종이 나았다.

나인이라는 성읍은 나사렛에서 남동쪽으로 약 10킬로미터 떨어진 곳이었다. 예수님과 제자들이 그 작은 마을로 들어가려 할 때, 장례 행렬을 만났다.

그들은 한 과부의 아들이 죽어 장사를 지내기 위해 이동하던 중이었다. 그 과부를 가엾게 여기신 예수님은 행렬을 멈추게 하신 후, 관에 손을 대시고 이렇게 말씀하셨다. "젊은이야, 일어나라!" 그러자 죽은 자가 즉시 일어나 말을 하기 시작했다.

그 광경을 본 군중들은 경이감에 사로잡혔다. 그들은 "예수는 선지자, 하나님께로부터 온 사람이다!" 하고 말하였다. 주님께서 행하신 일들에 대한 소식이 온 갈릴리와 유대 모든 지역에 들불처럼 번졌다.

예수님을 향한 의심

예수님의 사역은 대부분의 유대인들이 메시아에게 기대했던 것과는 달랐다. 따라서 많은 이들이 예수님을 의심스러운 눈초리로 보았고, 심지어 세례 요한마저도 그분을 의심하였다. 요한은 체포되어 감옥에 갇힌 후, 두 제자를 예수님께 보내어 그분이 메시아가 맞는지, 아니면 다른 누군가를 기다려야 하는지 물었다. 예수님은 그들에게 요한에게 돌아가서 눈먼 사람들과 다리 저는 사람들과 귀먹은 사람이 치유되는 기적, 그리고 죽은 사람이 살아나는 기적이 일어나고 있으며, 바로 그것이 그분이 메시아라는 증거라고 전하라고 하셨다.

요한의 제자들이 떠난 후, 예수님은 군중들에게 요한에 대해 말씀하셨다. 주님은 요한이 그 어떤 선지자보다 더 큰 사람이라고 말씀하셨다. 그는 메시아의 오심을 선포하러 온 사람이었다. 예수님은 "지금까지 살았던 사람들 중 요한보다 더 위대한 사람은 없다"고 말씀하셨다.

사람들, 심지어는 세리들까지도 예수님의 말씀에 동의하였지만, 종교 지도자들은 아니었다. 그들은 요한의 세례를 받기를 거부하였다.

예수님은 그분에 대한 거부가 가져올 끔찍한 결과에 대해 경고하셨다. 주님의 기적은 그분이 누구인지를 증명하였고, 모든 사람이 하나님을 알고자 하는 갈망을 채우기 위해 주님께로 나오는 것이 바로 그분의 소망이었다. 이스라엘의 종교 지도자들이 사람들에게 실현 불가능한 요구를 했던 것과는 반대로, 예수님은 사람들에게 오직 자신을 믿고 그 가르침을 따르라고 말씀하셨다. 주님은 그렇게 하면 그들의 영혼이 쉼을 얻게 될 것이라고 하셨다.

종교 지도자들의 비난

예수님을 따르는 사람들은 남자들만이 아니었다. 수많은 여자들 또한 예수님과 함께 다녔다. 주님은 그들의 온갖 질병을 치유해주셨고, 악한 귀신으로부터 벗어나게 해주셨다. 막달라 마리아에게서는 일곱 귀신을 쫓아내셨다.

어떤 여인들은 영향력이 있고 부유했는데, 헤롯의 청지기의 아내도 그 중 하나였다. 그들은 예수님의 사역을 적극적으로 후원하였다.

종교 지도자들은 자신들의 기준에 근거하여 예수님이 거짓 선지자라고 결론을 내렸다. 그들은 예수님께서 그들이 만든 금지규정들을 어기고, 죄를 사하고, 죄인들과 세리와 이방인들과 그들이 경멸하는 사람들과 교제하셨기 때문에 분노하였다.

그들은 예수님의 능력이 하나님으로부터 온 것이라고 믿지 않았다. 그래서 그들은 예수님을 망신 주고 흠을 잡기 위해 애썼다. 그들은 문제가 많은 한 사람을 예수님께 데려왔다. 그는 귀신에 사로잡혀 있었을 뿐 아니라, 눈도 보이지 않았고, 듣지도 말하지도 못하였다. 그들은 주님께서 그를 고치실 수 없을 것이라고 생각했다.

그러나 예수님은 즉시 귀신을 내쫓으시고, 그 사람을 치유하셔서 듣고 말하고 보게 하셨다. 사람들이 그 기적을 보고 그분이 메시아이심이 분명하다고 생각하였다. 그러나 종교 지도자들은 예수님이 바알세불('귀신들의 왕'인 사탄)의 능력을 사용하였다고 비난하였다.

예수님은 그들의 비난이 터무니없는 것이라고 대응하셨다. 사탄이 자신의 나라를 멸한다는 생각 자체가 잘못된 것이었다. 예수님께서 그 사람을 악한 영으로부터 구해주셨으므로, 그분은 분명 사탄보다 더 강한 분이셨다. 예수님은 종교 지도자들에게 자신이 성령의 능력으로 기적을 베푸는데도 불구하고 그들이 계속해서 그분을 거부한다면, 결코 용서를 받지 못할 것이라고 경고하셨다.

종교 지도자들이 예수님을 거부한 것은 심각한 잘못이었다. 이미 수많은 기적을 보았음에도 불구하고, 그들은 또 다른 기적을 요구하였다. 예수님은 그것이 아무 소용 없는 일이라고 말씀하셨다. 그들은 이미 충분히 많은 기적을 보았기 때문이다.

주님은 밭에 씨를 부리는 농부의 이야기를 해주셨다. 그 씨는 여러 종류의 밭에 떨어졌는데, 비옥한 땅에 떨어진 씨앗만 열매를 맺었다. 주님은 이 이야기에서 밭은 하나님 나라에 대한 그분의 가르침에 대해 보이는 각기 다른 반응을 의미한다고 설명하셨다.

예수님은 고기 잡는 예화로 말씀의 결론을 맺으셨다. 한 어부가 그물을 던져서 여러 종류의 고기를 잡았다. 어떤 것은 먹기에 좋은 것이었지만, 어떤 것은 먹을 수 없는 것들이었다. 어부는 먹을 수 없는 나쁜 고기들을 내버렸는데, 예수님은 세상 끝 날에도 이런 일이 있을 것이라고 말씀하셨다. "천사들이 와서 의인들 사이에서 악한 자들을 가려내서 그들을 불구덩이에 넣을 것이다."

거라사 광인

그날 저녁에 예수님은 제자들에게 갈릴리 바다 건너편으로 가자고 말씀하셨다. 주님은 하루 종일 가르치시느라 지치셔서 배가 출발하자마자 뒤편에서 잠이 드셨다.

그런데 갑자기 거센 파도가 일어 배를 덮쳤다. 배에 물이 차기 시작하자, 제자들은 공포에 사로잡혔다. 그들은 예수님을 깨우며 소리쳤다. "선생님, 도와주십시오! 우리가 물에 빠져 죽게 되었는데도 아무렇지도 않으십니까?"

이에 예수님께서 바람과 파도에게 잔잔하라고 명령하셨다. 그러자 바다는 곧 고요해졌다.

주님은 두려움에 떠는 제자들에게 말씀하셨다. "왜들 무서워하느냐? 아직도 믿음이 없느냐?"

그들이 서로 말하였다. "예수님은 과연 어떤 분이신가? 바람과 파도까지도 그분께 복종하는구나!"

그들은 바다 건너편 거라사 지역에 내렸다. 예수님께서 배에서 내려 겨우 몇 걸음 걸으셨을 때, 악한 귀신 들린 사람을 만나셨다.

그 남자는 무덤들 사이에서 살고 있었는데, 매우 거칠어 제어가 되지 않았다. 심지어 사람들이 그를 쇠사슬로 묶어 두었으나 그것도 끊어 버렸다. 밤이 되면 그는 주변 산들을 돌아다니며 늑대처럼 울부짖고, 날카로운 돌로 자신의 몸에 상처를 내었다.

그 사람은 예수님을 보고 달려와 무릎을 꿇고 엎드려 애원하였다. 예수님께서 이미 귀신에게 그에게서 나오라고 명하셨기 때문이다. 악한 귀신이 비명을 지르고 절규하였다. "저를 심판하러 오셨습니까? 저는 당신이 하나님의 아들인 것을 압니다."

예수님께서 그의 이름을 물으셨다. 그러자 귀신은 "군대(레기온)입니다. 우리의 수가 많기 때문입니다"(레기온은 5천 명으로 이루어진 군대로, 이것은 악한 귀신의 수가 많았다는 것을 설명해준다)라고 말하였다. 당시 근처에 약 2천 마리의 돼지떼가 먹이를 먹고 있었는데, 귀신들은 예수님께 자기들을 그 돼지들에게 보내달라고 간청하였다. 예수님께서 그것을 허락하시자 돼지들이 절벽으로 달려가 모두 바다에 빠져 죽었다.

그 지역 사람들은 주님께서 하신 일을 듣고는 예수님께 그곳에서 떠나달라고 하였다. 예수님과 제자들이 떠날 준비를 하고 있는데, 귀신

들렸던 사람이 자신도 함께 가게 해달라고 애원하였다. 그러나 예수님은 그에게 집으로 돌아가서 주님께서 어떻게 그를 구해주셨는지 가족들에게 이야기하라고 말씀하셨다. 그 사람은 갈릴리 바다 동쪽 지역에 사는 사람들에게 예수님께서 행하신 일을 증거하였다.

달리다굼

일행은 다시 바다를 건너갔다. 반대편에서는 큰 무리의 사람들이 기다리고 있었다. 그들 중 한 사람은 회당장 야이로였는데, 12살 된 그의 딸이 죽어가고 있었다. 그는 예수님의 발아래 엎드려 자기 집에 가서 딸을 고쳐달라고 간청하였다.

예수님께서 야이로의 집으로 가시던 중 12년 동안 혈루병을 앓아온 여자가 주님의 뒤로 와서 그분의 옷자락을 만졌다. 그러자 곧 출혈이 멎었고, 그녀는 자기 몸이 나은 것을 깨달았다.

주님은 누군가가 치료되었다는 것을 아시고, 돌아서서 물으셨다. "누가 내게 손을 대었느냐?"

많은 무리들이 있었기 때문에, 제자들은 예수님이 착각하셨다고 생각했다. 그들은 "무리가 선생님을 에워싸고 떠밀고 있는데, 누가 손을 대었느냐고 물으십니까?"라고 하였다.

예수님은 무리를 둘러보시며 그분을 만진 사람을 찾으셨다. 그녀는 더 이상 숨길 수 없다는 것을 깨닫고는 주님께로 나와 그분의 발 앞에 엎드려, 자기가 그분을 만졌다고 하였다.

그러자 주님께서 그녀에게 명하셨다. "딸아, 네 믿음이 너를 구원하였다. 안심하고 가거라."

주님께서 말씀을 계속하고 계시는데, 야이로의 집에서 사람들이 와서 "당신의 딸이 죽었습니다. 이제 예수를 더 괴롭힐 필요가 없습니다"라고 말하였다.

예수님은 야이로를 돌아보시며 이렇게 말씀하셨다. "두려워하지 말고 믿기만 하여라. 네 딸이 살 것이다." 일행이 그의 집에 도착했을 때, 사람들이 울고 있었다. 주님은 집안으로 들어가시면서 담대히 말씀하셨다. "아이는 죽은 것이 아니라 자고 있다."

그러자 거기 있던 사람들이 예수님을 비웃었다. 주님은 그들을 다 내보내신 후 아이의 아버지와 어머니와 제자들만 데리고 아이의 방으로 들어가셨다. 그리고 아이의 손을 잡고 이렇게 말씀하셨다. "소녀야, 일어나라(달리다굼)!"

그 말씀과 동시에 소녀가 일어서서 걸어다녔다. 그 광경을 본 사람들은 크게 놀라 이 일을 어떻게 생각해야 할지 알지 못했다. 예수님은 아이에게 먹을 것을 주라고 하시며, 일어난 일을 아무에게도 말하지 말라고 하셨다. 그러나 그들은 이 말씀을 유념하지 않고 그 기적을 모든 사람에게 이야기하였다.

예수님이 야이로의 집을 떠나실 때, 눈먼 사람 둘이 따라오며 이렇게 간청했다. "다윗의 자손이여, 우리를 도와주십시오!" 그들은 너무 간절한 나머지 예수님께서 묵으시려던 집까지 따라 들어왔다.

주님께서 그들에게 물으셨다. “너희는 내가 이 일을 할 수 있다고 믿느냐?”

“예, 주님! 우리는 당신이 하실 수 있음을 믿습니다.” 그들이 대답했다.

예수님은 그들의 믿음 때문에 그들이 낫게 될 것이라고 말씀하셨다. 곧 그들이 볼 수 있게 되었다. 예수님께서 그 일을 아무에게도 말하지 말라고 엄히 금하셨음에도 불구하고, 그들은 주님께서 어떻게 그들의 눈을 뜨게 하셨는지 모든 사람에게 말하였다.

나사렛에서의 배척

모든 사람이 예수님께서 베푸신 기적이 그가 하나님의 아들이라는 증거라고 믿은 것은 아니었다. 다음날 아침, 예수님과 제자들이 길을 나서는데, 사람들이 귀신이 들려 말을 못하는 사람을 데리고 왔다. 예수님께서 귀신을 내쫓으시자 그 사람이 말을 하였다.

그 광경을 보고 놀란 사람들이 이렇게 말했다. “이런 것은 이스라엘에서 처음 보는 일이다.” 하지만 바리새파 사람들은 예수님이 귀신의 두목인 사탄의 힘을 빌어서 이런 일을 한다고 비난하였다.

예수님께서 고향 나사렛으로 돌아가셔서 안식일에 회당에 들어가셨다. 사람들은 주님께서 권위 있게 가르치시고 기적적인 능력으로 치유하시는 것을 보고 놀라고 당황하였다. 그 중 일부는 예수님이 하나님의 아들이라고 믿었다.

그러나 그분의 출신 때문에 인정하지 못하는 사람들도 있었다. 그들은 비웃으며 이렇게 말하였다. "그는 목수 요셉의 아들일 뿐이야." 그들은 예수님과 그분의 가족에 대해 잘 알고 있었기 때문에, 그분을 달갑지 않게 여겼다. 그들이 믿지 않았기 때문에 주님은 나사렛에서는 기적을 많이 행하지 않으셨다.

사역의 확장

예수님은 갈릴리 온 지방에서 사역하시기 위해 나사렛을 떠나셨다. 주님은 회당에서 가르치시며 하나님 나라의 복음을 선포하셨고, 온갖 병자들을 치유하셨다. 주님은 사람들을 불쌍히 여기셨다. 그들이 이스라엘 종교 지도자들의 무력한 희생자들임을 아셨기 때문이다.

그 지도자들은 사람들의 영적인 필요를 돌보기보다는 자신들의 유익을 위하여 그들을 착취하였다. 예수님은 제자들에게 이렇게 말씀하셨다. "진정으로 사람들을 돌볼 긍휼이 많고 헌신된 일꾼들을 보내달라고 주님께 청하여라."

그들이 기도한 후, 예수님께서 열두 제자를 부르셔서 귀신을 쫓아내고 병자를 치료하는 능력과 권세를 주셨다. 주님은 그들에게 하나님 나라의 복음을 선포하라고 지시하셨다. 또한 때로 반대에 직면하게 될 것이라고 경고하시고, 그들이 하나님께 엄청난 가치가 있는 사람들임을 상기시켜 주시며 몸은 죽여도 영을 죽일 수 없는 사람들을 두려워하지 말라고 말씀하셨다. 예수님은 하나님을 섬기느라 자기 생명을 잃는 사람은 천국에서 상을 잃지 않을 것이라고 약속하셨다.

제자들은 이 마을 저 마을로 다니며 복음을 선포하고, 병든 자를 치유하였다. 그들의 사역의 결과로 예수님의 이름이 널리 전해졌고, 많은 사람들이 그분이 죽은 자 가운데서 살아난 세례 요한이라고 생각하였다. 또 다른 사람들은 예수님을 선지자 중 하나라고 생각했다.

세례 요한의 죽음

어느 날, 헤롯 안디바가 세례 요한을 붙잡아 옥에 가두었다. 요한이 동생의 아내와 결혼한 일로 그를 비난하였기 때문이다.

사람들이 요한을 선지자로 믿고 있었기 때문에 헤롯은 그를 쉽게 죽이지는 못했다. 그러던 중 그의 생일잔치에서 아내의 딸인 살로메가 감각적인 춤을 추어 그와 손님들을 즐겁게 해주자 헤롯은 그녀가 원하는 것은 무엇이든, 나라의 절반이라도 주겠다고 제안하였다. 살로메는 어머니가 시키는 대로 요한의 머리를 달라고 요구하였다.

헤롯은 깜짝 놀랐지만, 자기가 한 말을 지켜야 했기에 요한의 머리를 쟁반에 담아 살로메에게 가져다주었다. 요한의 제자들은 그가 처형당했다는 소식을 듣고 그의 시체를 가져다가 무덤에 장사하였다.

요한이 죽임을 당했다는 말을 들으신 예수님은 제자들과 함께 배를 타고 바다 건너편 외딴 곳으로 가셨다. 그러나 주님이 어디로 가셨는지 알고는 수천 명이 따라왔다. 예수님은 그들에게 하나님 나라에 대해 가르치시고 병든 사람 몇 명을 고쳐주셨다.

그날 오후 늦게, 제자들은 예수님께 사람들을 마을로 보내서 먹을 것을 구하게 하자고 말씀드렸다. 예수님은 "너희가 그들에게 먹을 것을 주라"고 말씀하셨다.

그러자 빌립이 이렇게 말하였다. "이 사람들 모두를 먹이려면 여덟 달치 임금이 필요합니다."

예수님은 제자들에게 먹을 것이 얼마나 있느냐고 물으셨다. 그들은 "우리에게 빵 다섯 덩이와 작은 물고기 두 마리가 있습니다"라고 대답하였다.

예수님은 그들에게 군중들을 50명씩 나누어 풀밭에 앉게 하라고 지시하신 후, 빵 다섯 덩이와 물고기 두 마리를 손에 드시고 하늘을 우러러 보시며 감사를 드렸다. 그리고 빵을 나누어서 제자들에게 주시며 사람들에게 먹이라고 하셨다. 그날 그들은 수천 명의 사람들을 먹였고, 남은 음식이 열두 바구니나 되었다.

물위를 걸으심

예수님은 제자들을 다시 바다 건너편으로 보내셨다. 주님은 군중들을 해산시키시고, 조용한 곳을 찾아 기도하시러 산에 오르셨다.

주님이 기도하고 계실 때, 제자들은 강한 바람 때문에 바다를 절반 정도밖에 건너지 못하고 있었다. 예수님께서 무슨 일이 일어났는지 아시고, 물위를 걸어 배로 오셨다. 제자들은 주님이 물위로 걸어오시는 것을 보고 무서워하였다. 그들은 그가 유령이라고 생각하고 비명을 질렀다.

예수님은 "나다. 두려워하지 말라"고 말씀하시며 제자들을 안심시키셨다.

베드로가 말했다. "주님, 주님이시면, 저에게 물위로 걸어서 주님께로 오라고 명령하십시오."

예수님은 베드로에게 배에서 나와 걸어오라고 하셨고, 그는 그렇게 하였다. 그러나 물위를 걷던 베드로가 바람과 파도를 보자, 곧 물에 빠져 들어가기 시작했다.

예수님께서 그의 손을 잡고 말씀하셨다. "베드로야, 왜 의심하느냐? 네 믿음이 어디 있느냐?"

그들이 배에 오르니 바람이 잔잔해졌고, 배는 바다 건너편에 닿았다. 제자들은 이 일을 어떻게 생각해야 할지 알지 못했다. 그들은 주님께 무릎을 꿇고 말하였다. "선생님은 하나님의 아들이십니다." 그들은 자연을 다스리시는 그분의 능력에 놀랐다.

우리가 누구에게로 가겠습니까?

예수님과 제자들이 갈릴리 바다 서쪽에 도착하자마자, 사람들이 예수님을 알아보고 병자들을 데리고 왔다. 그들은 주님의 옷자락 끝만이라도 만지게 해달라고 간청하였고, 그분을 만진 사람들이 모두 나았다.

다음날 사람들은 예수님이 떠나셨다는 것을 깨닫고, 배를 타고 그분을 찾으러 갔다. 그들은 가버나움에서 제자들과 함께 계신 예수님을 만났다. 예수님께서는 그들이 단지 이전에 주님께서 기적을 베풀어 먹이신 사건 때문에 그분을 따라다니고 있다는 것을 아셨다. 그래서 주님은 그들에게 기적의 의미를 설명해주셨다. "너희는 양식과 같이 일시적이고 결국에는 썩어 없어질 것을 얻으려고 마음을 빼앗기지 말라. 내가 너희에게 주는 생명을 추구하여라. 그것은 영원하여 결코 썩어 없어지지 않을 것이다."

사람들은 이 말을 이해하지 못했다. 그들은 모세가 광야에서 이스라엘 백성들에게 만나를 준 것처럼 자신들에게도 양식을 달라고 예수님께 간구하였다.

예수님은 그들에게 이렇게 말씀하셨다. "그들에게 양식을 준 것은 모세가 아니었다. 하늘에서 참 빵을 너희에게 주시는 분은 내 아버지시다."

사람들이 "그 빵을 우리에게 주십시오"라고 말하자, 예수님께서 대답하셨다. "내가 생명의 빵이다. 내게로 오는 사람은 결코 주리지 않을 것이다. 나는 내 아버지의 뜻을 행하려고 하늘에서 내려왔다."

주님께서 하늘에서 내려왔다고 하신 말씀은 많은 사람들을 혼란에 빠뜨렸다. 그들은 그분이 단지 요셉의 아들일 뿐이라고 믿었기 때문이다. 예수님은 그들에게 광야에서 그 빵을 먹었던 사람들은 모두 죽었지만, 주님이 주시는 빵을 먹는 사람은 절대 죽지 않을 것이라고 말씀하셨다.

그날 이후로 많은 사람들이 예수님을 떠나 다시는 그분을 따르지 않았다. 그들은 예수님께서 말씀하신 것이 그분을 하나님의 아들로 믿는 것임을 이해하지 못했던 것이다. 대부분의 사람들은 예수님을 구세주로 믿으려 하지 않았다. 왜냐하면 그것이 엄청난 헌신을 요구하는 일이었기 때문이다.

많은 사람들이 혼란에 빠지고 화가 났다는 것을 아시고, 예수님은 열두 제자에게 그들도 떠나려는지 물으셨다.

그러자 베드로가 이렇게 말했다. "주님, 우리가 누구에게로 가겠습니까? 선생님은 우리에게 영생을 주실 수 있는 유일한 분이십니다. 선생님은 거룩하신 하나님의 사람이십니다."

예수님은 그들의 헌신을 기뻐하셨지만, 유다가 그분을 배신할 것을 아셨다.

불평과 기적

종교 지도자들은 계속해서 예수님의 평판을 더럽힐 방법을 찾았다. 예루살렘에서 온 바리새파 사람들은 예수님과 제자들을 따라다니며 살핀 후에 예수님의 제자들이 모세의 율법을 어겼다고 비난하였다. 비난의 내용은 그들이 먹기 전에 손을 씻는 정결 예식을 지키지 않았다는 것이었다.

예수님은 바리새파 사람들이 위선적이라고 말씀하셨다. 그들은 사람이 만든 수백 가지 법을 지켰지만, 하나님의 법에는 순종하지 않았다. 한 가지 예로, 모세는 부모를 공경하라고 말하였지만, 바리새파 사람들은 그들의 유산을 하나님께 드리기로 약속했기 때문에 부모를 도울 수 없다고 말하곤 하였다. 이것은 그들의 전통에서는 허용되는 일이었지만, 결국 하나님의 말씀을 어기는 것이었다.

예수님은 그분을 따르던 군중을 돌아보시고 이렇게 말씀하셨다. "사람의 몸 밖에서 안으로 들어가는 것 중 그 사람을 더럽히는 것은 아무것도 없다. 다만 사람에게서 나오는 것이 그 사람을 더럽힐 뿐이다."

예수님과 제자들이 무리를 떠나 집으로 들어가서 그들만 있게 되었을 때, 베드로가 예수님께 비유를 설명해달라고 부탁하였다. 예수님은 사람이 먹는 음식은 몸을 거쳐 배설될 뿐이지만, 사람의 마음에서 나오는 것은 그 사람의 진정한 성품을 드러낸다고 말씀하셨다. 사람을 더럽히는 나쁜 생각과 행동은 손을 씻지 않고 먹는 것이 아니라, 음행과 도둑질과 살인과 간음과 탐욕과 악의와 시기와 방탕과 비방과 교만과 어리석음이다.

예수님은 갈릴리를 떠나 두로와 시돈으로 가셨다. 그곳에서 한 그리스 여자가 주님을 찾아와 그분의 발 앞에 엎드려 자기 딸에게서 귀신을 쫓아내달라고 간청하였다.

예수님의 제자들은 그녀를 성가시게 생각하여 주님께서 그녀를 물리쳐주시길 원했다. 예수님은 자신의 첫 번째 우선순위는 자기 백성, 곧 유대인들을 돕는 것이라고 하시며, 그녀를 돕는 것이 옳지 않다고 하셨다.

여자는 끈질기면서도 겸손하게 말하였다. "저는 유대인의 상에서 떨어지는 부스러기라도 먹기를 원합니다."

예수님은 그녀의 놀랄 만한 믿음을 칭찬하시며 집으로 가라고 말씀하셨다. "귀신이 네 딸에게서 나갔다."

여자가 집으로 돌아가 보니, 딸이 침대에 조용히 누워 있었다. 귀신은 이미 나가고 없었다.

예수님은 남쪽으로 여행하여 데가볼리(갈릴리 바다 남동쪽 열 개의 성읍이 있는 지역)로 가셨다. 큰 무리가 계속 따라왔고, 주님은 장애를 가진 사람들과 눈먼 사람들과 귀 먹은 사람들을 치유하셨다.

사람들이 귀 먹고 말도 못하는 한 사람을 예수님께 데려왔다. 그러나 그를 공개적으로 치유해주시는 대신 한쪽으로 데리고 가셔서 매우 특별한 방식으로 고쳐주셨다. 예수님은 손가락을 그의 귀에 집어넣고 침을 뱉어 그의 혀에 손을 대셨다. 주님은 하늘을 우러러 보시고 이렇게 말씀하셨다. "에바다!" 그것은 "열려라"라는 의미였다. 즉시 그 사람이 듣기도 하고, 말도 하였다. 그것을 본 사람들은 매우 놀랐다. 예수님께서 아무에게도 말하지 말라고 명하셨으나, 그들은 만나는 모든 사람들에게 이 기적에 대해 이야기했다.

계속해서 많은 사람들이 예수님께 모여들었다. 사람들이 그분과 함께 있은 지 3일이 지나자 주님은 제자들에게 사람들을 굶주린 채로 집에 돌려보내고 싶지 않다고 말씀하셨다. 그들은 어떻게 해야 할지 알지 못했다. 그들 열두 명은 수천 명을 먹일 만큼 충분한 음식을 가지고 있지 않았고, 게다가 그곳은 외진 곳이라 음식을 살 수도 없었다.

예수님은 그들에게 빵이 얼마나 있느냐고 물으셨다.

"빵 일곱 덩이와 물고기 몇 마리가 있습니다." 그들이 대답했다.

예수님은 빵과 물고기를 가지시고, 감사기도를 드린 후에 그것을 제자들에게 주시며 사람들을 먹이게 하셨다. 그날 모든 사람들이 충분히 먹고 남은 음식이 일곱 바구니나 되었다. 예수님은 사람들을 먹이신 후 그들을 집으로 돌려보내셨다. 그리고 제자들과 달마누다 지방으로 출발하셨다.

이스라엘의 종교 지도자들은 다시 예수님께 시비를 걸기 시작하였다. 그들은 주님께 직접 하나님으로부터 오는 기적을 보여 달라고 요구하였다. 기적을 보여 달라는 그들의 반복적인 요구는 예수님을 괴롭게 하였다. 주님은 깊이 탄식하시며 그들이 날씨의 징조는 해석할 줄 알면서도 그분이 메시아이심을 증명하기 위해 보여준 기적의 표징들은 이해하지 못한다고 말씀하셨다. 주님은 그들이 악한 세대이며 하나님께 신실하지 못하다고 책망하셨다. 그들은 오직 요나의 표징밖에는 받지 못할 것이었다. 3일 밤낮을 큰 물고기 뱃속에서 지냈던 요나처럼, 예수님도 부활하시기 전 3일 동안 무덤에 계실 것이었다.

제자들과 바다를 건너실 때, 예수님은 그들에게 바리새파와 사두개파 사람들의 누룩을 조심하라고 말씀하셨다. 제자들은 말씀을 잘못 이해하여 빵을 가져오지 않았다고 서로를 나무랐다. 예수님은 그 논쟁을 멈추게 하시고, 그들이 좀 더 영적인 지각을 가지고 있었더라면 그분이 무슨 말을 하시는지 알았을 것이라고 말씀하셨다. 주님은 그 경고를 반복하셨고, 제자들은 결국 주님께서 이스라엘 종교 지도자들의 가르침을 주의하라고 말씀하신 것임을 깨달았다.

예수님은 대부분의 사람들을 즉각적으로 치유하셨지만, 벳새다(갈릴리 바다 북동쪽에 있는 작은 어촌 마을)에서는 한 눈먼 사람의 시력을 두 단계에 거쳐 회복시키셨다. 예수님은 그 사람의 눈에 침을 뱉으시고, 그에게 손을 얹으시며 물으셨다. "무엇이 보이느냐?"

그 사람은 보이기는 하는데 분명하지 않다고 하였다. 예수님께서 두 번째로 그의 눈을 만지셨을 때, 그의 시력이 완전히 회복되었다. 예수님은 그에게 집으로 가는 길에 아무에게도 그 기적에 대해 말하지 말라고 말씀하셨다.

나를 누구라고 하느냐?

빌립보의 가이사랴(헤르몬 산 근처 갈릴리 바다 북쪽)로 가던 도중, 예수님께서 제자들에게 물으셨다. "사람들이 나를 누구라고 하느냐?"

그들은 사람들이 예수님을 선지자라고 생각한다고 대답하였다. 어떤 사람들은 그분이 세례 요한이라고도 하고, 엘리야라고 하는 사람들도 있고, 예레미야나 선지자들 가운데 한 명이라고 생각하기도 하였다.

예수님은 제자들이 어떻게 생각하는지 알기 원하셨다. "너희는 나를 누구라고 하느냐?"

이에 베드로가 모든 제자들을 대변하여 대답하였다. "선생님은 그리스도, 살아계신 하나님의 아들이십니다."

예수님은 베드로를 칭찬하시고, 그 고백 위에 교회가 세워질 것이라고 말씀하셨다. 예수님은 지옥의 권세도 교회의 진보를 멈추게 할 수 없을 것이라고 약속하셨다. 주님은 하나님 나라를 이 땅에서 확장시키시기 위해 그분을 따르는 사람들에게 하나님의 권위를 주실 것이었다. 예수님은 자기를 하나님의 아들로 믿는 그들의 믿음을 확인하시고, 자신의 사명에 관한 놀라운 사실들을 숨김없이 털어놓으셨다. 주님은 자신이 종교 지도자들에게 체포되어 죽임을 당할 것이지만, 3일 만에 죽은 자 가운데서 다시 살아나실 것이라고 말씀하셨다.

이 말씀은 제자들에게 매우 충격적이었다. 베드로는 예수님을 붙들고 이렇게 말하였다. "주님, 절대로 이런 일이 주님께 일어나서는 안 됩니다." 그는 구세주 되신 예수님의 사명이 고난과 죽음을 포함하고 있다는 것을 깨닫지 못했다.

예수님은 매우 단호하게 말씀하셨다. "베드로야, 내게서 물러가라. 너는 지금 내게 사탄의 걸림돌을 놓고 있다. 내가 고난을 받고 죽는 것이 하나님의 뜻이다."

자신의 죽음을 예고하신 후, 예수님은 그분을 믿는 믿음은 근본적인 헌신을 요구한다고 가르치셨다. "참된 신자는 자기 십자가를 지고 나를 따라야 한다." 예수님은 모든 것을 버리고, 심지어는 죽기까지 따를 마음이 없는 사람은 마지막 심판에서 유죄판결을 받게 될 것이라고 경고하셨다.

며칠 후 예수님께서 베드로와 야고보와 요한을 데리시고 헤르몬 산으로 올라가셨다. 그들이 지켜보는 가운데 예수님의 모습이 장엄하게 변화되었다. 주님의 얼굴은 해같이 빛나고, 그분의 옷은 눈부신 하얀색으로 변하였다. 그리고 갑자기 모세와 엘리야가 나타나 예수님의 죽음과 부활과 하늘로 돌아가실 것에 대해 대화를 나누었다.

그 광경을 본 제자들은 어찌할 바를 몰랐다. 베드로는 그곳에 쉼터를 지어 함께 머물자고 제안했다. 그러나 말을 마치기도 전에 갑자기 짙은 구름이 그들을 뒤덮었다. 몹시 두려워진 그들은 얼굴을 땅에 대고 엎드렸고, 천둥과 같은 음성을 들었다. "이는 내 사랑하는 아들이다. 너희는 그가 하는 말을 믿어라."

예수님은 그들을 일으켜 세우시고 이렇게 말씀하셨다. "두려워하지 말라." 제자들이 눈을 들어서 보니, 모세와 엘리야는 사라지고 예수님만 남아 있었다.

그들이 산에서 내려올 때, 예수님께서 그들에게 명하셨다. "내가 죽은 자들 가운데서 살아날 때까지는, 너희가 보았던 것을 아무에게도 말하지 말라." 그들은 예수님께서 말씀하신 '죽은 자들 가운데서 살아나는 것'이 무엇을 의미하는지 서로 논의하였다.

다음날 예수님은 제자들과 논쟁하고 있는 사람들을 만나셨다. 주님이 그들에게 왜 논쟁을 하고 있냐고 물으시자 한 사람이 불평을 하며 말했다. "귀신이 반복해서 내 아들을 공격하여 선생님의 제자들에게 귀신을 쫓아내 달라고 부탁하려고 왔는데 그들이 쫓아내지 못했습니다."

예수님께서 그 사람에게 아들을 데려오라고 말씀하셨다. 그 악령은 예수님을 보자 소년을 쓰러뜨리고 심한 경련을 일으켰다. 소년은 입에 거품을 물고 땅에 뒹굴었다.

소년의 아버지가 필사적으로 외쳤다. "도와주십시오. 할 수 있다면, 내 아들을 도와주십시오."

이에 예수님께서 말씀하셨다. "'할 수 있다면'이 무슨 말이냐? 믿는 자에게는 모든 일이 가능하다."

그 말씀에 소년의 아버지가 이렇게 말했다. "제가 믿습니다. 믿음 없는 저를 도와주십시오."

예수님은 악한 귀신을 꾸짖으며 이렇게 말씀하셨다. "내가 너에게 명한다. 그 아이에게서 나가라. 그리고 다시는 그에게 들어가지 말라." 그러자 귀신이 그 소년을 땅에 쓰러뜨렸다. 군중들은 소년이 죽었다고 생각했다. 그러나 예수님께서 그의 손을 잡고 일으키시자 아이가 일어섰다. 소년은 정상으로 회복되었다.

제자들은 예수님과 따로 있게 되었을 때, 왜 자신들은 귀신을 쫓아내지 못했는지 물었다. 예수님은 그들이 아직도 그런 악령을 쫓아낼 만한 믿음을 가지고 있지 못하기 때문이라고 말씀하셨다.

다시 죽음과 부활을 예고하시다

예수님과 제자들이 계속해서 갈릴리에서 사역하고 있을 때, 주님은 다시 그들에게 자신이 배신을 당하고 죽임을 당하나 3일 후에 죽은 자들 가운데서 살아날 것이라고 말씀하셨다. 제자들은 여전히 그 말씀을 이해하지 못했지만, 몹시 혼란스럽고 당황하여 그것에 대해 묻지도 못하였다.

일행이 가버나움에 도착하였을 때, 성전세를 거두는 사람들이 기다리고 있었다. 그들은 예수님이 성전세를 내지 않는다고 비난하였다. 베드로는 이를 부정하며 예수님께서 성전세를 내실 것이라고 답했다. 베드로가 집으로 들어가 말을 하기도 전에 먼저 예수님께서 그에게 낚시를 하러 가라고 말씀하셨다. 그리고 제일 먼저 잡은 고기의 입에 은전 한 개가 있을 것인데, 그 돈으로 예수님과 베드로, 두 사람의 몫으로 성전세를 내라고 말씀하셨다.

제자들 사이에서 하나님 나라에서 누가 제일 큰 자인가에 대한 논쟁이 벌어졌다. 예수님은 그들에게 하나님 나라의 가치는 세상의 가치와 얼마나 다른지를 가르치셨다. 주님은 겸손이 위대함의 조건일 뿐만 아니라 하나님 나라로 들어가기 위한 필수적인 조건이라고 말씀하셨다. 예수님은 팔에 어린아이 하나를 안으시고 이렇게 말씀하셨다. "누구든지 겸손하게 이 아이를 영접하는 사람은 나와 나를 보내신 아버지를 영접하는 것이다."

제자들은 여전히 명예로운 지위와 능력에 관심이 있었다. 그래서 그들은 한 외부인이 예수님의 이름으로 귀신을 쫓아내고 있는 것에 대해 불평을 늘어놓았다. 그들은 그가 열두 제자에 속하지 않는다는 이유로 그 일을 하지 못하게 막았다고 말했다. 그러나 예수님은 그분의 이름으로 귀신을 내쫓는 사람이라면 누구든 적이 아니라 친구라고 말씀하시며, 그분의 이름으로 다른 사람을 섬기는 사람이면 누구든 상을 받을 것이라고 약속하셨다.

예수님은 제자들에게 누가 더 큰 사람인가에 대해 논쟁하기보다는 죄에 대해 염려하라고 말씀하셨다. 그리고 다른 사람으로 하여금 죄를 짓게 하는 사람은 스스로 영원한 심판에 처하게 하는 것이라고 경고하셨다. 주님은 신자들이 그들의 삶에 죄가 자리를 잡지 못하도록 근본적으로 그 문제를 다뤄야 한다고 촉구하셨다.

예수님은 제자들에게 다른 신자가 그들에게 죄를 범하거든, 먼저 그 사람과 사적으로 그 문제를 해결할 방법을 찾아야 한다고 말씀하셨다. 그리고 둘이서 문제를 해결할 수 없으면, 그때는 교회 지도자들에게 도움을 청해야 한다.

베드로는 누군가 자기에게 죄를 범했을 때 몇 번이나 용서해주어야 하는지 알고 싶었다. 예수님은 믿는 사람들은 하나님만큼 자비로워야 한다고 말씀하시며, 하나님은 무한히 용서하시는 분이시기 때문에 용서할 마음이 없는 사람은 참된 신자가 아니라고 말씀하셨다.

이것을 위해 예수님은 왕에게 큰 빚을 졌으나 갚을 돈이 없는 사람에 대한 이야기를 들려주셨다. 왕은 그 사람에게 자비를 베풀어서 빚을 탕감해주었다. 그러나 그는 자기에게 그보다 훨씬 적은 액수의 빚을 지고 갚지 못한 사람에게 자비를 베풀지 않고 그 사람을 붙들어서 감옥에 가두었다. 그 사실을 알게 된 왕은 빚을 탕감 받았던 사람을 붙잡아 감옥에 집어넣었다. 주님은 이렇게 말씀하시며 결론을 맺으셨다. "하나님이 베풀어주신 자비를 받고도 다른 사람들을 용서하지 않는 사람들을 하나님이 벌하실 것이다."

제자들과 함께 예루살렘을 향해 걸어가시던 중, 예수님은 다시 한 번 그분을 따를 때 치러야 할 값비싼 대가에 대해 강조하셨다. 예수님은 일단 그분을 따르기로 결심한 사람은 어떤 이유로도 이전의 생활로 되돌아갈 수 없다고 말씀하셨다.

유대인들의 가을 절기가 다가오자 예수님의 (그분이 메시아이심을 믿지 않는) 형제들이 그분께 예루살렘으로 가라고 권하였다. 그들은 빈정거리며 이렇게 말하였다. "형님이 유명해지기를 원한다면, 숨어서 기적을 행할 것이 아니라 공개적으로 하십시오. 예루살렘으로 가서 형님의 존재를 세상에 드러내십시오."

예수님은 이를 거절하시며 형제들에게 그들이 원한다면 가라고 말씀하셨다. 그러나 주님은 그들과 함께 가지 않으셨다. 예수님은 은밀히 예루살렘으로 올라갈 기회를 얻기까지 갈릴리에 머물러 계셨다.

예수님은 예루살렘을 향해 떠나시면서, 제자 몇 명을 먼저 보내어 사마리아 사람들의 마을에서 머물 곳을 마련하게 하셨다. 그러나 사마리아 주민들은 예수님이 그곳에 머무시는 것을 거부하였다. 베드로와 요한은 그 마을이 불로 멸망하기를 원했지만, 예수님께서 그들을 꾸짖으시고 다른 마을로 가셨다.

요약

예수님은 갈릴리에서 열렬한 환영을 받으셨다. 그곳에서 그분의 사역이 번성하기 시작했고, 명성이 널리 퍼져갔다. 주님은 하나님 나라에 대해 선포하시고, 병자들을 치유하시고, 귀신을 내쫓으셨다. 또한 유대인이 아닌 사람들도 치유하셨다.

예수님은 다른 놀라운 일들도 행하셨다. 베드로가 엄청난 양의 물고기를 잡도록 도와주시고, 말 한마디로 폭풍을 잠잠하게 하셨으며, 물고기 몇 마리와 빵 몇 덩이로 수천 명의 사람들을 먹이셨다.

그러나 모든 사람이 예수님을 환영한 것은 아니었다. 유대 종교 지도자들은 예수님이 율법을 깨뜨리고, 사람들의 관심을 빼앗아간다며 그분을 반대하였다. 그들은 주님과 논쟁하려고 하였으나, 예수님은 모든 것을 아시고 그들의 덫에 말려들지 않으셨다.

종교 지도자들은 예수님을 죽이기 위해 계속해서 모의하였다. 때가 되어 예수님은 제자들에게 자신의 죽음을 예고하셨으나, 그들은 이해하지 못하였다.

4
CHAPTER

후기 유대 사역
(사복음서)

주요 등장인물

예수님 | 제자들 | 바리새파 사람들과 종교 지도자들

마리아, 마르다, 나사로

배경

예루살렘 | 올리브 산(예루살렘 밖) | 유대 | 베레아(요단 동쪽 지역)
베다니 | 여리고

혼란과 분열

예수님과 제자들은 유대 명절에 참여하기 위해 예루살렘으로 돌아갔다. 예수님은 자신이 그리스도이시며 하나님의 아들이라는 것을 가르치시기 위해 유대 명절과 관련된 상징들을 사용하셨다.

예수님의 가르침은 유대 사람들과 지도자들 사이에 첨예한 분열을 일으켰다. 많은 사람들이 그분을 믿었으나 그분의 주장은 종교 지도자들을 분노하게 하였다. 그들은 예수님을 죽이기로 더욱 굳게 결심하였다.

유대 지도자들은 예수님이 예루살렘에 있다는 소식을 듣고 그분을 찾으려 하였다. 그러나, 모든 사람이 그분에 대해 이야기하고 있는데도 불구하고 찾을 수 없었다. 어떤 사람들은 그분이 선한 사람이라고 믿었지만, 다른 사람들은 사기꾼이라고 생각했다. 사람들은 종교 지도자들을 두려워하여, 아무도 예수님에 대해 드러내놓고 말하지 못하였다.

명절 도중 예수님께서 성전에서 가르치기 시작하셨다. 사람들은 그분의 지식에 깜짝 놀라서(예수님은 정식 교육을 받지 않으셨다) 물었다. "어떻게 그렇게 많은 것을 알고 있습니까?"

예수님은 그 가르침이 자신의 것이 아니라고 말씀하시며, 하나님으로부터 훈련을 받으셨다고 하셨다. 주님은 그들이 진실로 하나님을 안다면, 자신이 하나님으로부터 왔다는 것을 알 것이라고 말씀하셨다. 예수님이 자신들의 종교적 위선을 드러내셨기 때문에 그들은 그분을 죽이고자 하였다.

이 성난 청중들은 예수님이 귀신에 사로잡혀 사람들을 미혹시키고 있다고 비난하였다. 그들은 "누가 너를 죽이려 하느냐?"고 물었다. 예수님은 그분이 안식일(일곱째 날)에 병을 낫게 하심으로 모세의 법을 어겼다는 이유로 그들이 자신을 죽이려 한다고 대답하셨다. 하지만 율법은 실제로 일곱째 날에 자비를 행하는 것을 허용하고 있다. 그들의 문제는 그들이 율법을 정확히 모른다는 것이었다.

예수님의 대답을 듣고 몇몇 사람들은 그분이 메시아가 맞다고 생각하였지만, 확신하지는 못했다.

예수님께서 계속해서 성전에서 가르치실 때, 점점 더 많은 사람들이 그분이 메시아라고 확신하게 되었다. 많은 사람들이 예수님을 따르자 바리새파들은 성전 경비병들을 보내어 그분을 잡아오라고 하였다.

예수님은 자신을 잡으러 온 자들에게 "나는 나를 보내신 분께로 간다"고 말씀하셔서 그들을 당황하게 하셨다. 그들은 예수님이 나사렛으로 돌아가시거나 예루살렘을 떠나 다른 나라로 가려 하신다고 생각하여 예수님을 체포하지 않았다.

명절 마지막 날, 예수님은 자신이 '생수'라고 말씀하셨다. 주님은 "목마른 사람은 다 나에게로 와서 마셔라" 하고 말씀하셨다. 주님은 하나님의 영이 그들에게 영생을 줄 것이라고 약속하셨다.

예수님의 가르침에 대한 반응은 다양했다. 무리 중에는 그분이 선지자라고 생각하는 사람들도 있었고, 메시아라고 생각하는 사람들도 있었다. 한편 예수님이 베들레헴이 아닌 나사렛 출신이라고 생각하여 그분을 거부하는 사람들도 있었다. 당시 메시아가 베들레헴에서 날 것이라고 알려져 있었기 때문이다.

경비병들이 제사장들과 바리새파 사람들에게 돌아오자, 그들은 왜 예수님을 잡아오지 않았는지 물었다. 그러자 경비병들이 이렇게 대답했다. "그의 가르침이 놀라웠습니다! 우리는 이런 가르침을 들어본 적이 없습니다."

바리새파 사람들은 예수님을 믿는 사람들은 어리석은 자이고 자기가 무슨 일을 하고 있는지도 모른다며 그들을 조롱하였다. 그러자 이전에 예수님과 대화를 나누었던 니고데모가 그들에게 주의를 주었다. "먼저 그 사람의 말을 공정하게 들어보지 않고 비난하는 것이 옳은 일이오?"

니고데모의 경고는 소귀에 경 읽기나 마찬가지였다. 종교 지도자들은 니고데모에게 "당신도 갈릴리 출신의 순진한 예수 추종자들 가운데

한 사람이냐?"고 빈정거리며 물었다.

그날 저녁 예수님은 예루살렘을 떠나 올리브 산에서 밤을 보내셨다. 그리고 다음날 아침 일찍 성전으로 돌아오셨다.

예수님께서 군중을 가르치실 때, 종교 지도자들과 바리새파 사람들이 간음을 하다가 붙잡힌 여자를 끌고 왔다. 그들은 예수님께 율법은 이런 여자를 돌로 치라고 명령한다고 하며 이렇게 물었다. "당신은 뭐라고 하시겠습니까? 이 여자는 어떤 벌을 받아야 하겠습니까?"

예수님은 그들이 덫을 놓고 있다는 것을 아셨다. 주님은 아무 말씀도 하지 않으시고 자리에 앉아 손가락으로 모래 위에 무언가를 쓰셨다. 그들이 다시 다그쳐 물으니, 예수님께서 몸을 일으키시며 이렇게 말씀하셨다. "죄 없는 사람이 먼저 이 여자에게 돌을 던져라." 그리고는 다시 모래 위에 무언가를 쓰셨다.

시간이 지나자 여자를 고소하던 자들이 하나둘 떠나기 시작했다.

군중들이 모두 사라지자 예수님께서 여자에게 물으셨다. "너를 고소하던 자들이 어디 있느냐? 너를 정죄한 사람이 한 사람도 없느냐?"

여자가 대답했다. "없습니다, 주님."

예수님께서 말씀하셨다. "나도 너를 정죄하지 않는다. 가서 이제부터 다시는 죄를 짓지 말라."

예수님은 주변에 모여든 사람들에게 "나는 세상의 빛이다"라고 말씀하셨다. 이 말을 들은 바리새파 사람들이 즉시 공격하였다. 그들은 예수님이 그런 주장을 하실 만한 충분한 증거를 가지고 있지 않다고 말했다(당시에는 어떤 사실을 입증하려면 최소한 한 명의 증인이라도 있어야 했다).

예수님은 자신에게 두 명의 증인이 있다고 말씀하셨다. 자신이 하나님의 아들이기 때문에 그분 자신이 증인이시고, 그분의 아버지가 두 번째 증인이었다.

바리새파 사람들은 예수님께서 하나님이 그분의 아버지라고 말씀하신 것임을 이해하지 못했다. 그들은 예수님을 체포하고 싶었지만, 어떻게 고소해야 할지 알지 못했다.

예수님은 이전에 자신이 하늘로부터 왔다고 말씀하셔서 바리새파 사람들을 화나게 하신 적이 있었다. 그런데 이제는 그들에게 자신이 곧 다시 돌아갈 것인데, 그들은 그분이 가시는 곳에 함께 가지 못할 것이라고 말씀하셨다.

예수님은 그들이 죄 가운데 죽을 것이라고 경고하셨지만, 그들은 그분이 무슨 말씀을 하시는지 이해하지 못했다. 주님께서 다시 설명을 해주셨지만, 그들은 여전히 혼란스러웠다. 예수님은 자신이 십자가에서 죽고 난 이후에야 그들이 겨우 이해할 수 있을 것이라고 말씀하셨다. 많은 사람들이 주님이 하신 말씀이 진실하다고 믿었다.

예수님은 믿는 사람들을 칭찬하셨다. 그리고, 스스로 자신을 의롭다고 여기는 종교인들은 여전히 죄의 노예로 살아가겠지만, 그들은 진리를 믿음으로 자유롭게 될 것이라고 말씀하셨다.

그 말씀을 들은 바리새파 사람들은 그것이 영적인 노예 상태를 의미한다는 것을 깨닫지 못하고 오해하여 크게 분노하였다.

예수님은 그들이 자신을 죽이고자 하는 것이 바로 그들이 하나님의 자녀가 아니라 마귀의 자녀임을 드러내는 것이라고 말씀하셨다.

바리새파 사람들은 인종적인 모욕을 하며 예수님을 '사마리아 귀신'이라고 불렀다.

예수님은 그들의 비난을 부인하시며, 자신이 마귀가 아니고 아버지를 영화롭게 하기 위해 왔고, 아브라함도 크게 즐거워하며 그분의 오심을 기대하였다고 말씀하셨다.

그들은 예수님을 조롱하며 말하였다. "당신은 아직 나이가 오십도 되지 않았소. 그런데 어떻게 당신이 아브라함보다 더 나이가 많다고 말할 수 있소?"

이에 예수님은 깜짝 놀랄 주장을 하셨다. "내가 진정으로 너희에게 말한다. 나는 하나님이고, 아브라함이 태어나기 전부터 내가 있었다."

그 말을 들은 바리새파 사람들이 비명을 질렀다. "신성모독이다!" 그리고 그들은 돌을 들어 예수님을 치려고 하였다. 예수님은 그들이 공격하기 전에 급히 성전을 떠나셨다.

유대 사역

예루살렘에서 격렬한 반대에 부딪히신 예수님은 유대(예루살렘을 포함한 남쪽 지방)에서 사역하기 위해 그 성읍을 떠나셨다. 예수님은 12명의 사도들에 더하여 70명의 제자들을 지명하여 세우시고 사역을 확장하셨다.

주님은 그들에게 우리의 필요를 공급하시는 하나님을 신뢰하고 그분께 구하라고 가르치셨다. 또한 그들이 반대자들을 만나게 될 것이라고 경고하시며, 그들을 환영하지 않는 마을은 그냥 조용히 떠나라고 말씀하셨다. 예수님은 그들에게 병든 사람들을 치유하는 능력을 주셨다.

70명의 사역은 그들의 기대를 능가했다. 그들은 기쁨에 차서 예수님께 돌아와 자신들이 어떻게 악의 세력을 상대로 승리했는지 말씀드렸다.

예수님은 매우 기뻐하시며, 그들에게 다른 사람들을 섬길 능력을 주신 아버지께 감사를 드렸다.

어느 날 종교법에 정통한 사람이 예수님께 와서 물었다. "제가 무엇을 하여야 영생을 얻겠습니까?"

예수님은 그에게 이렇게 물으셨다. "구약에는 어떻게 기록되어 있느냐?"

그 사람이 대답했다. " '네 마음을 다하고 네 목숨을 다하고 네 힘을 다하고 네 뜻을 다하여 주 너의 하나님을 사랑하여라. 그리고 네 이웃을 네 몸같이 사랑하여라'고 하였습니다."

예수님께서 말씀하셨다. "네 대답이 옳다. 네가 하나님과 네 이웃을 사랑함으로 믿음을 보여준다면, 영생을 얻게 될 것이다."

그 사람은 예수님께 다시 물었다. "내 이웃이 누구입니까?"

예수님은 그의 질문에 대한 답으로 강도를 만나 죽게 된 한 남자에 관한 이야기를 들려주셨다. 유대인 제사장과 레위인은 그를 무시하고 지나갔으나 사마리아 사람은 가던 길을 멈추고 그를 도와주었다. 예수님은 이 중 누가 강도 만난 자의 이웃이냐고 물으셨다. 그가 자비를 베푼 자라고 하자, 주님은 그에게 "가서 너도 이와 같이 하라"고 말씀하셨다.

예루살렘(유대를 돌아다니신 예수님의 여정에는 연대기적으로 불확실한 부분이 있다)으로 돌아가는 길에, 예수님과 제자들은 한 눈먼 사람을 만났다.

제자들이 물었다. "이 사람이 눈먼 것이 이 사람의 죄 때문입니까, 아니면 그의 부모의 죄 때문입니까?"

예수님께서 말씀하셨다. "어느 것도 아니다. 이 사람이 눈이 먼 것은 하나님께서 하시는 일을 그의 삶 가운데 드러내시기 위함이다."

주님은 땅에 침을 뱉어서 진흙을 개어 그의 눈에 바르셨다. 그리고 그에게 (예루살렘의 남부에 있는) 실로암 못으로 가서 씻으라고 말씀하셨다. 그가 가서 얼굴을 씻자 즉시 볼 수 있게 되었다. 그는 예수님을 찾으려 하였으나 이미 가신 후였다.

눈먼 사람이 보게 되자 그를 알던 사람들이 모두 놀랐다. 그들은 서로 물었다. "이 사람은 구걸하던 그 사람이 아니냐?" 일부는 그 사람이라고 확신하지 못하고, 그와 닮은 사람이라고 생각하였다.

그 사람이 자신이 바로 그 거지라고 밝히자, 사람들은 누가 그를 치유하였는지 알고 싶어 했다. 그는 자기를 고쳐준 사람이 예수라고 알려진 사람이라고 말하고, 그분이 어떻게 자기를 고쳐주셨는지 이야기했다. 사람들은 어떻게 하면 예수님을 찾을 수 있을지 알고자 하였으나 그 사람은 그분이 어디로 가셨는지 몰랐다.

바리새파 사람들이 그 사람의 소문을 듣고, 벌컥 화를 냈다. 예수님께서 안식일에 진흙을 개었다는 이유 때문이었다. 그들은 예수님이 안식일에 일을 하셨기 때문에 하나님으로부터 왔을 리가 없다고 결론지었다.

이 주장에 동의하지 않는 사람들도 있었다. 그들은 예수님이 죄인일 수 없다고 주장했다. 왜냐하면 죄인이라면 그렇게 놀라운 기적을 행할 수 없기 때문이었다.

바리새파 사람들은 눈을 뜨게 된 그 사람에게 예수님에 대해 어떻게 생각하는지 물었다. 그는 "나는 그분이 선지자라고 믿습니다"라고 대답했다.

그 사람의 증언이 있었지만, 유대 지도자들은 예수님이 그를 치유하셨다는 것을 믿으려 하지 않았다. 그래서 그들은 그의 부모를 불러서 물어보았다.

그의 부모는 유대 지도자들이 예수님을 메시아로 믿는 사람들을 회당에서 쫓아내기로 결의한 것을 알고 있었기 때문에 그들의 질문에 대답하기를 두려워했다.

지도자들은 그 눈멀었던 사람을 두 번째로 불러서 다시 물었다. 그들은 예수가 죄인이라는 것을 알고 있다고 말하며, 그가 그 사실을 인정하고 치유된 것에 대하여 하나님께 영광을 돌려야 한다고 훈계하였다.

이에 그 사람이 말했다. "나는 그분이 죄인인지 아닌지는 모릅니다. 다만 내가 아는 것은, 내가 눈이 멀었다가 지금은 보게 되었다는 것입니다."

지도자들은 그 사람에게 다시 예수님이 어떻게 그를 고쳐주셨는지 물었다. 그러나 그는 이미 그들의 반복되는 질문에 질려 있었다. 그들은 예수님을 비난하기로 결심한 상태였다. 그는 이렇게 되물었다. "여러분은 어찌하여 다시 들으려고 합니까? 여러분도 그분의 제자가 되려고 합니까?"

종교 지도자들은 그가 자신들에게 도전하였다는 이유로 그를 저주하였다. 그들은 "우리는 모세의 제자이다. 그러나 이 사람 예수에 대해서는 아무것도 알지 못한다"고 말했다.

그러자 그가 말했다. "무슨 말입니까? 그분이 나를 낫게 해주셨는데도, 여러분은 그분에 대해 아무것도 알지 못하십니까? 하나님이 함께하시지 않으면, 누구도 눈먼 사람을 보게 할 수 없습니다."

이 말은 그들을 무척 화나게 하였다. 그들은 그를 비난하며 회당에서 내쫓았다.

예수님께서 이 소식을 들으시고, 그 사람을 찾아가 물으셨다. "네가 인자를 믿느냐?"

그 사람이 대답했다. "그분이 어느 분입니까? 내가 그분을 믿고 싶습니다!"

예수님께서 말씀하셨다. "너는 이미 그를 보았다. 너를 치유했던 사람이 바로 나다."

그는 예수님을 믿고 엎드려 절하였다.

예수님은 자신이 영적으로 눈먼 사람들을 보게 하시려고 세상에 오셨다고 말씀하셨다. 불행하게도 하나님을 알고 있다고 생각하는 사람들 중에 영적으로 눈먼 사람들이 있었다.

몇몇 바리새파 사람들이 가까이에 서 있다가 물었다. "우리도 눈이 먼 사람들이란 말이오?"

예수님은 이렇게 대답하셨다. "너희가 하나님을 안다고 주장하기 때문이다. 그러나 나를 믿지 않는다면, 너희는 불신앙으로 눈이 멀어 길을 잃은 것이다."

예수님은 자신의 가르침이 사람들과 종교 지도자들 사이에 균열을 가져올 것을 아셨다. 많은 사람들이 그분이 하나님의 아들이라고 믿었지만, 대부분의 이스라엘 지도자들은 그분이 거짓 메시아라고 생각하고 그들에게 위협이 된다고 여겼다.

예수님은 구약의 비유를 사용하셔서 유대 지도자들에게 강력하게 도전하셨다. 주님은 자신을 선한 목자에 비유하시고, 종교 지도자들은 개인적인 이익을 얻기 위해 사람들을 착취하는 무자비한 목자로 비유하셨다.

예수님은 그분의 양들을 푸른 풀밭으로, 의미 있고 충만한 삶과 영생으로 인도하시기 위해 오셨다. 사람들을 진실로 돌보지 않는 지도자들과는 반대로, 예수님은 자신의 양떼를 구하기 위해 기꺼이 자기 생명까지 희생하실 분이었다. 그분은 대단히 인상적인 선언을 하셨다. "아무도 내게서 나의 목숨을 빼앗아가지 못한다. 나는 스스로 원해서 내 목숨을 버린다. 나에게는 목숨을 버릴 권세도 있고, 다시 얻을 권세도 있다." 주님은 하나님이 자기 아버지시며, 자신에게 죽음과 부활의 권세를 주셨다고 주장하셨다.

예수님의 가르침은 매우 담대하고 놀라운 것이어서 어떤 사람들은 그분이 귀신에 들렸다고 비난했다. 하지만 주님이 어떻게 눈먼 거지를 치유하셨는지를 기억하는 사람들은 "귀신이 어떻게 눈먼 사람의 눈을 뜨게 할 수 있겠느냐?"고 물었다.

종교 지도자들과의 논쟁의 중심에는 자신이 이스라엘의 약속된 메시아라는 예수님의 주장이 자리 잡고 있었다. 하지만 그들은 그분을 사기꾼으로 고소할 만한 충분한 증거를 가지고 있지 않았다.

성전 봉헌절(성전이 파괴되었다가 다시 세워진 것을 기념하는 절기)에 그들은 예수님을 궁지에 몰아넣고 그분께 메시아가 맞는지 물었다.

예수님은 그들에게 직접적으로 대답하지 않으시고, 이렇게 말씀하셨다. "내가 내 아버지의 이름으로 하는 그 일들이 곧 나를 증언해준다. 너희가 내 양이라면 너희는 나를 믿을 것이다. 나는 내 양을 알고 그들에게 영생을 준다. 또 아무도 그들을 내 손에서 빼앗아가지 못할 것이다. 내 아버지는 누구보다 능력이 크시기 때문이다."

그리고 주님은 주저하지 않고 선언하셨다. "나와 아버지는 하나이다."

유대인들은 예수님께서 스스로 하나님이라고 주장하신 것이 신성모독이라며 돌을 들어 예수님을 치려 하였다.

그러나 예수님은 그들에게 구약성경에서 이스라엘 지도자들이 신으로 불렸다는 것을 상기시켜 주셨다. 그런데 왜 그들은 예수님이 자신을 하나님의 아들이라고 부르는 것을 비난하는가? 비록 그들이 주님을 믿지 않는다고 할지라도, 그들은 그분이 행하시는 기적들을 보았다.

이 말은 그들을 더욱 화나게 만들 뿐이었다. 그들은 다시 예수님을 돌로 치려 하였다. 생명의 위협을 느끼신 주님은 예루살렘을 떠나기로 결심하셨다.

베레아 사역

예수님과 제자들은 요단 강 동편, 로마의 베레아 지방으로 갔다. 이곳은 세례 요한이 사람들에게 세례를 주기 시작하였던 지역이다. 요한이 예수님에 대해서 했던 모든 말들이 진실이라는 것을 깨달으면서, 요한의 추종자들 가운데 많은 사람들이 예수님을 따랐다.

거기 계시는 동안, 예수님은 계속해서 하나님 나라에 대해 가르치셨다. 몇몇 바리새파 사람들이 헤롯이 그분을 죽이려고 한다고 경고하였지만, 예수님은 근심하지 않으셨다. 주님은 자신이 예루살렘이 아닌 다른 곳에서는 죽지 않을 것을 알고 계셨다.

안식일에 예수님께서 바리새파 사람의 집에 초대를 받으셨는데, 그의 집에는 수종병 환자가 있었다. 주님은 바리새파 사람에게 그 사람을 고쳐주는 것이 옳으냐고 물으셨다.

그는 대답을 하지 않았다. 예수님은 만일 소가 안식일에 우물에 빠진다면 다음날이 될 때까지 기다려서 꺼내지는 않을 것이라고 말씀하시면서 그를 고쳐주셨다. 주님은 또한 겸손에 대해 말씀하시고, 되갚을 것이 없는 사람들에게 친절을 베풀라고 가르치셨다.

군중들이 흥분해서 따르자, 예수님은 그들에게 자신의 제자가 되려면 대가를 치러야 한다고 경고하셨다. 죄인과 세리들은 주님의 말씀에 귀를 기울였지만, 종교 지도자들은 계속해서 문제를 제기하였다.

예수님은 하나님의 사랑에 대해 세 가지 비유를 말씀하셨다. 첫 번째는 아흔아홉 마리의 양을 버려두고 잃어버린 한 마리 양을 찾아다니는 목자에 대한 이야기였다. 두 번째는 잃어버린 동전에 관한 이야기였다. 세 번째는 '탕자의 비유'라고 알려진 것으로, 비록 엄청난 죄에 빠졌다 할지라도 죄인들이 회개하고 돌아올 때 하나님이 어떻게 그들을 환영해주시는지에 대한 이야기였다.

예수님은 또한 정직하게 사업하는 것에 대해, 그리고 가난한 사람을 돌보는 것에 대해 설교하셨다. 주님은 다른 사람들을 실족케 하는 것에 대해 경고하시고, 제자들이 큰 믿음을 간구하자 큰일을 하는 데도 아주 작은 믿음(겨자씨만 한 믿음)이 필요할 뿐이라고 말씀하셨다. 마지막으로 예수님은 제자들에게 성공을 추구하지 말고, 오직 주님만을 섬기며 겸손히 그들의 의무를 다해야 한다고 말씀하셨다.

예루살렘으로 가는 길에서

사역을 하시던 중 예수님께서 마리아와 마르다로부터 그들의 오빠 나사로가 아프다는 전갈을 받으셨다. 나사로는 예루살렘 동쪽에 있는 작은 마을, 베다니에 살고 있었다.

예수님은 그 메시지를 받으시고는 제자들에게 나사로의 병은 죽을 병이 아니라고 말씀하셨다. 도리어 그것은 예수님께서 하나님의 아들로서 그분의 능력과 영광을 드러내실 기회였다. 예수님은 즉시 떠나지 않으시고, 그곳에 이틀을 더 머무셨다. 게다가 다시 유대 지방으로 돌아가자고 하셔서 제자들을 깜짝 놀라게 하셨다.

그들은 예수님께서 무슨 일을 하시려는 것인지 이해할 수 없었다. 그래서 그들은 예수님의 결정에 의문을 제기하였다. "선생님, 다시 유대로 가시려는 게 분명합니까? 유대인들이 선생님을 돌로 치려고 한 지가 얼마 되지 않았습니다."

예수님은 그들에게 나사로를 죽은 자들 가운데서 일으킬 것이라고 말씀하시면 그들이 이해하지 못할 것을 아셨다. 그래서 나사로가 잠을 자고 있고, 이제 그를 깨우러 갈 것이라고 말씀하셨다.

그들은 그 말씀의 뜻을 이해하지 못한 채 이렇게 말하였다. "주님, 그가 잠들었으면 곧 일어날 것입니다."

그러자 예수님께서 그들에게 밝히 말씀해주셨다. "나사로는 죽었다! 이제 베다니로 가자!"

이 말씀에 도마는 "우리도 그와 함께 죽으러 가자"고 하였다.

예수님께서 베다니에 도착하셨을 때, 나사로가 죽은 지 이미 나흘이 되어 그의 시신은 무덤 속에 있었다. 예수님을 마중 나온 마르다는 이렇게 말하였다. "주님, 주님이 조금만 더 일찍 오셨더라면, 오빠가 죽지 않게 하실 수 있었을 것입니다. 그러나 저는 주님께서 구하시는 것은 무엇이나 하나님께서 다 이루어주실 줄 압니다."

예수님은 나사로가 죽은 자들 가운데서 일어날 것이라고 말씀하셨다. 주님이 무슨 일을 하려고 하시는지 알지 못한 마르다는 나사로가 마지막 때에 죽은 자들 가운데서 다시 살아날 것을 안다고 말하였다.

예수님은 마르다에게 말씀하셨다. "나는 부활이요, 생명이다. 나를 믿는 사람은 죽음 이후에 다시 살 것이다. 그리고 살아서 나를 믿는 사람들은 내가 그들에게 영생을 줄 것이므로 결코 죽지 않을 것이다."

주님은 마르다에게 이것을 믿느냐고 물으셨다. 그녀는 예수님이 메시아요, 하나님의 아들이심을 믿는다고 대답하였다.

마르다는 집으로 돌아가서 마리아를 데려왔고, 예수님은 무덤으로 가셨다. 무덤에 도착한 마리아는 예수님의 발아래 엎드려 이렇게 말하였다. "주님, 주님이 여기 계셨더라면 오빠가 죽지 않았을 것입니다."

예수님은 마리아가 우는 것과 함께 따라온 사람들이 비통해하며 우는 것을 보시고 눈물을 흘리셨다. 주님은 "나사로의 무덤이 어디 있느냐?"고 물으셨다.

예수님은 나사로의 무덤으로 가셔서 함께 울던 사람들에게 무덤을 열라고 말씀하셨다.

그러자 그들은 "주님, 나사로가 죽은 지 나흘이나 되어 냄새가 심할 것입니다!"라고 말하며 무덤을 열기를 거부하였다.

예수님께서 말씀하셨다. "네가 믿으면 하나님의 영광을 보게 되리라고 말하지 않았느냐?" 그러자 그들은 무덤 입구를 막고 있던 돌을 굴려서 옮겨 놓았다.

예수님께서 기도하시고 큰 소리로 외치셨다. "나사로야, 나오너라!"

그러자 나사로가 나왔다. 그는 여전히 수의를 입고 있었고, 얼굴은 수건으로 싸매어 있었다. 예수님께서 사람들에게 나사로를 싸맨 천을 풀어주라고 말씀하셨다.

나사로가 살아난 일은 많은 조문객들에게 예수님이 하나님의 아들이시라는 확신을 주었다. 그날 몇몇 사람들이 대제사장들과 바리새파 사람들에게 가서 무슨 일이 있었는지 보고하였다. 산헤드린(대제사장을 포함한 종교회의)은 예수님의 문제를 논의하기 위해 특별 회합을 가졌다.

예수님께서 민족적 희망을 자극하고 있어 로마로부터 간섭을 받게 될 것을 두려워한 대제사장 가야바는 예수님을 죽여야 한다고 주장하였다. 산헤드린은 만장일치로 이에 동의하고, 어떻게 하면 반란을 야기하지 않고 은밀히 예수님을 죽일 수 있을지 모의하기 시작하였다.

예수님은 예루살렘으로부터 걸어서 갈 수 있는 거리에 있는 작은 마을 에브라임에 머무시며 유월절이 될 때까지 그곳에서 계속 사역하셨다.

하루는 사마리아 근처에서 나병 환자 열 명을 만나셨는데, 그들은 예수님께 자기들을 치유해달라고 간청하였다. 예수님은 그들에게 제사장을 찾아가서 그들의 몸을 보여주라고 말씀하셨다. 그들이 주님의 말씀대로 제사장에게 가던 중 몸이 깨끗이 나았다. 그런데 한 명을 제외하고 나머지는 모두 예수님께 감사도 드리지 않고 흩어졌다. 사마리아 사람이었던 그 한 사람은 "주님을 찬양하라!"고 외치면서 주님께로 돌아왔다. 예수님은 그의 믿음을 칭찬하셨다.

자신이 곧 체포되어 처형될 것을 아신 예수님은 계속해서 제자들에게 그분의 고난과 죽음에 대해 가르치셨다. 하지만 그들은 예수님께서 무슨 말씀을 하시는지 완전히 이해하지 못했다.

그들이 여리고에 이르렀을 때, 한 눈먼 거지가 지나가는 군중들이 웅성거리는 소리를 들었다. 그가 무슨 일이냐고 묻자, 사람들은 나사렛 예수님께서 예루살렘으로 가고 있다고 하였다. 그 말을 들은 소경은 이렇게 소리쳤다. "예수여, 내게 자비를 베푸소서!"

사람들이 조용히 하라고 하였으나, 그는 더 크게 소리쳤다. "예수여, 나를 불쌍히 여겨 주십시오!"

예수님께서 멈춰서 물으셨다. "너는 내가 무엇을 하여 주기를 원하느냐?"

그 사람이 대답했다. "주님, 제가 볼 수 있게 해주십시오."

예수님께서 말씀하셨다. "네 믿음이 너를 치유하였다."

예수님과 그분을 따르던 큰 무리들이 여리고(예루살렘의 동쪽으로 약 32킬로미터 가량 떨어진 곳)로 들어갔다. 그때 로마를 위해 일하는 부유한 세리, 삭개오가 예수님을 보기 위해서 나무 위로 올라갔다.

예수님께서 나무에 올라간 삭개오를 보시고 멈춰 서서 말씀하셨다. "삭개오야, 내려오너라. 내가 네 집에서 저녁을 먹었으면 좋겠다."

사람들은 예수님께서 세리와 말씀하시는 것을 보고 화가 나서 수군거렸다. "왜 예수는 타락한 죄인들과 함께 음식을 먹는가?"

예수님을 만난 삭개오는 자신의 죄를 깨달았다. 그는 "주님, 제 소유의 절반을 가난한 사람에게 주고, 제가 강제로 빼앗은 사람에게는 네 배로 갚아 주겠습니다"라고 하였다.

예수님께서 삭개오에게 이렇게 말씀하셨다. "오늘 구원이 이 집에 이르렀다. 이 사람도 아브라함의 자손이다. 인자는 잃은 것을 찾아 구원하러 왔다."

예수님께서 예루살렘에 가까이 오시자, 그분을 따르던 사람들은 그가 곧 하나님 나라를 건설하실 것이라고 생각했다. 그러나 임박한 하나님 나라에 대한 그들의 기대를 충족시키는 대신, 예수님은 그들에게 한 가지 이야기를 해주셨다.

"귀족 출신 한 사람이 왕위를 받아 가지고 오기 위해 먼 길을 떠났다. 그런데 그가 떠나 있는 동안, 그는 그의 시민들 가운데 얼마가 그를 미워하는 것을 알게 되었다. 그가 돌아오면, 그는 자신을 거부했던 사람들을 심판할 것이고, 그를 지지한 사람들에게는 상을 줄 것이다."

요약

예루살렘에서 예수님과 제자들은 종교 지도자들의 계속되는 반대에 직면했다. 바리새파 사람들은 율법과 심판에 초점을 맞췄지만, 예수님은 죄인들에게 긍휼을 베푸셨다.

예수님께서 유대 지역을 두루 다니실 때, 제자들을 둘씩 짝지어 보내셔서 하나님 나라를 선포하고, 그들 스스로 사람들의 필요를 돌보도록 하셨다. 그들은 예수님의 이름으로 기적을 행하였다.

예루살렘으로 돌아온 예수님은 날 때부터 눈이 먼 사람을 치유해주셨다. 바리새파 사람들은 그것이 술수일 뿐임을 밝히기 위해 최선을 다했지만, 그 기적을 부정할 수 없었다. 후에 그들이 예수님께 그분이 메시아인지 아닌지 물었을 때, 예수님은 자신과 자신의 아버지가 하나라고 대답하셨다. 유대인들은 신성모독을 이유로 주님을 돌로 치려 하였으나, 그분은 바로 피하셨다.

예수님은 비유를 사용하여 하나님 나라에 대해 가르치셨다. 주님이 나사로를 무덤에서 일으키신 사건으로 많은 사람들이 그분을 믿었다. 그러나 그것은 종교 지도자들로 하여금 예수님이 그들의 권력에 심각한 위협이 된다는 사실을 확신하게 만들었다.

예수님은 베다니에서 여리고를 거쳐 예루살렘으로 가셨다. 주님은 자신이 예루살렘에서 죽임을 당할 것이라고 말씀하셨다.

5
CHAPTER

예수님의 십자가 처형

(사복음서)

주요 등장인물

예수님 | 제자들 | 유대 종교 지도자들 | 빌라도

배경

베다니 | 예루살렘

승리의 입성 일요일

유월절이 가까이 다가오자, 많은 사람들이 예수님께서 예루살렘으로 가시기를 기대하고 있었다. 한편 대제사장들은 예수님이 어디에 있는지 아는 사람은 즉시 보고하라고 명령하였다. 그들은 예수님을 체포할 계획이었다.

한편, 예수님은 나사로가 살고 있는 베다니에 도착하셨다. 예루살렘 주민들은 예수님이 거기 계시다는 소문을 듣고, 예수님과 그가 죽음에서 일으키신 나사로를 보기 위해 그리로 달려왔다. 대제사장들은 사람들이 열광하고 있다는 소문을 듣고 나사로도 죽일 계획을 세웠다. 많은 유대인들이 나사로 때문에 예수님을 믿었기 때문이다.

예수님은 예언을 성취하시기 위해 나귀를 타시고 예루살렘으로 들어가실 준비를 하셨다. 주님이 나귀를 타고 예루살렘 도성으로 들어가실 때, 열광적인 군중들이 야자나무 가지를 꺾어다가 길에 깔고, 소리 높여 노래를 불렀다. "호산나, 복되시다. 주님의 이름으로 오시는 분! 더없이 높은 곳에서 호산나!"

바리새파 사람들은 예수님께 환호하는 무리들에게 조용히 하라고 하였다. 예수님은 예루살렘 도성을 보시며 "오늘 너도 평화에 관한 일을 알았더라면 좋을 터인데! 그러나 지금 너는 그 일을 보지 못하는구나. 오래지 않아 이 도성이 아주 심하게 파괴되어 돌 위에 돌 하나도 남지 않게 될 것이다" 하고 말씀하셨다. 날이 저물고, 예수님은 밤을 보내시기 위해 베다니로 돌아가셨다.

성전 정화 월요일

다음날 아침 돌아오시는 길에, 시장하셨던 예수님은 무화과나무 앞으로 가셨다. 그러나 그 나무에 잎사귀만 무성하고 열매가 없는 것을 보시고 이렇게 말씀하셨다. "이 나무는 이제부터 결코 열매를 맺지 못할 것이다." 제자들이 예수님께서 이렇게 말씀하시는 것을 들었다.

예루살렘에 도착하신 예수님은 곧장 성전으로 가셨고, 거기서 벌어지고 있는 일들을 보시고는 격분하셨다. 사람들은 제물로 쓸 동물들을 비롯하여 온갖 종류의 물건들을 팔고 있었다. 예수님은 그들의 탁자와 의자를 둘러엎으시고, "성경에 기록되기를, 하나님의 집은 만민이 기도하는 집이라 하지 않았느냐? 그런데 너희는 이곳을 강도들의 소굴로 만들어버렸다!"고 소리치시며 상인들을 성전 바깥으로 내쫓으셨다.

종교 지도자들은 예수님이 하신 일에 대해 듣고서는 어떻게든 그분을 죽일 방도를 찾아내려고 애를 썼다. 그러나 사람들이 예수님을 믿고 따랐기 때문에 어떻게 해야 할지 쉽게 결정을 내리지 못했다.

그날 유월절을 지키러 온 그리스 사람들이 예수님의 제자 빌립에게 그분을 만날 수 있을지 물었다. 예수님은 그들의 청을 듣고 자신이 영광에 들어갈 때가 가까이 왔다고 예고하셨다. 주님은 "아버지, 내 마음이 심히 괴롭습니다. 죽음의 시간에서 나를 벗어나게 하여 주십시오. 그러나 내가 세상에 온 것이 바로 이것 때문인 것을 압니다. 아버지의 이름을 영광스럽게 드러내십시오"라고 기도하셨다.

그때 하늘에서 천둥 같은 음성이 들렸다. "내가 이미 내 이름을 영광되게 하였고, 앞으로도 영광되게 하겠다." 그 음성을 들은 사람들 가운데 어떤 사람들은 천둥이 울렸다고 생각했고, 또 어떤 사람들은 천사가 말하였다고 하였다.

그날 저녁, 예수님과 제자들은 베다니로 돌아갔다.

대립의 날 화요일

다음날 아침 예루살렘으로 돌아온 그들은 무화과나무가 마른 것을 보았다. 베드로는 그 전날 예수님께서 하신 말씀을 기억했다.

제자들이 물었다. "무화과나무가 어떻게 그렇게 빨리 말라버렸습니까?"

예수님께서 대답하셨다. "너희가 하나님을 믿고 '이 산이 들려서 바다에 빠져라' 하고 말하면 그대로 될 것이다. 너희가 믿음으로 기도하는 것은 무엇이든 너희에게 주실 것이다. 그러나 너희가 기도할 때에 하나님이 너희 죄를 용서하셨다는 것을 기억하고 너희에게 잘못을 범한 사람을 용서해야 한다."

성전에서의 논쟁

예수님께서 성전에서 가르치실 때, 제사장들과 교사들과 장로들이 힘을 합하여 예수님을 대적하였다. 그들은 "당신은 무슨 권한으로 이런 일을 하시오?"라고 물었다.

예수님께서 대답하셨다. "너희가 내 질문에 대답하면, 나도 너희 질문에 대답하겠다. 요한의 세례는 하늘에서 온 것이냐, 아니면 사람에게서 온 것이냐?"

질문을 받은 그들은 긴밀히 의논하였다. 그들이 요한의 세례가 하늘에서 왔다고 말하면 예수님은 왜 그를 믿지 않느냐고 물으실 것이고, 사람에게서 왔다고 말하면 요한이 선지자임을 믿지 않는다는 이유로 사람들이 그들을 돌로 칠 것이라고 생각했다. 그래서 그들은 "모르겠다"고 대답했다.

예수님 역시 “나도 내가 무슨 권한으로 이런 일을 하는지를 너희에게 말하지 않겠다”고 말씀하셨다.

주님은 유대 지도자들에게 세 가지 비유를 말씀하셨다. 그 비유는 그들이 예수님을 거절한 것 때문에 무서운 심판을 받게 될 것을 경고하는 것이었다. 예수님은 하나님이 그들에게서 하나님의 나라를 빼앗아서 다른 사람들에게 줄 것이라고 말씀하셨다. 그러면 그들은 어둠 가운데 던져져서 슬피 울며 이를 갈 것이다.

그 비유를 들은 지도자들은 예수님을 제거하기로 더욱 단단히 결심하였다. 그들은 어떻게 예수님께 죄를 뒤집어 씌워서 체포할 것인지 모의하였다.

바리새파 사람들은 그들의 지지자 몇 사람을 헤롯 안디바의 지지자들과 함께 보내어, 세금을 내는 문제에 대해 예수님께 물어보게 하였다. 그들은 “유대인이 로마 황제에게 세금을 내는 것이 맞는지 당신의 의견을 말해주시오”라고 말했다.

예수님은 그들의 의도를 아시고 이렇게 말씀하셨다. “이 위선자들아, 왜 나를 시험하느냐? 나에게 동전 한 닢을 가져오라.”

그들이 동전을 가져오자, 예수님께서 물으셨다. “이 동전에 새겨진 초상은 누구의 것이냐?”

그들이 대답했다. “황제의 것입니다.”

이에 예수님께서 “황제의 것은 황제에게 돌려주고, 하나님의 것은 하나님께 돌려드려라”라고 말씀하셨다.

그들은 아무 말도 하지 못하고 돌아갔다.

사두개파와 바리새파

같은 날, 부활을 믿지 않는 사두개파 사람들이 예수님을 찾아와 이렇게 물었다. "선생님, 모세의 율법에 따르면, 어떤 사람이 자식이 없이 죽으면, 그 동생이 형수와 결혼하여 후사를 이어주어야 합니다. 그런데, 일곱 형제 중 첫째가 결혼을 했다가 자식이 없이 죽어 그 동생이 형수와 결혼을 하였습니다. 그러나 둘째도 죽고, 셋째도 죽고 결국 일곱이 다 죽었습니다. 그 후에 그 여자도 죽었습니다. 그러면, 부활의 때 그녀는 누구의 아내가 되겠습니까? 그녀는 일곱 모두와 합법적으로 결혼을 하였으니 말입니다."

예수님께서 대답하셨다. "너희가 성경도 모르고 하나님의 능력도 모르기 때문에 잘못 생각하고 있다. 부활의 때에는 사람이 결혼하지 않을 것이다. 그들은 하늘에 있는 천사들과 같을 것이다."

이어서 이렇게 말씀하셨다. "너희는 모세의 책에서 하나님께서 떨기나무 불길 가운데 모세에게 나타나셨다는 것을 읽지 못하였느냐? 하나님께서 모세에게 말씀하시기를 '나는 아브라함의 하나님이요, 이삭의 하나님이요, 야곱의 하나님이다' 하시지 않았느냐? 하나님은 살아 있는 자들의 하나님이시다."

그 말씀에 사두개파 사람들과 율법 교사들이 크게 놀랐다.

바리새파 사람들이 예수님께서 사두개파 사람들의 허를 찌르셨다는 소문을 듣고는 율법에 정통한 사람을 보내어 예수님께 질문하게 하였다. 그는 예수님께 이렇게 물었다. "선생님, 모세의 율법 가운데 가장 큰 계명이 무엇입니까?"

예수님께서 대답하셨다. "'네 마음을 다하고, 네 목숨을 다하고, 네 뜻을 다하여, 주 너의 하나님을 사랑하여라' 한 것이다. 둘째는 이것이니 '네 이웃을 네 몸과 같이 사랑하여라' 한 것이다. 이 두 계명에 온 율법과 예언서의 본뜻이 들어 있다."

그 사람은 예수님의 대답을 듣고 하나님을 사랑하고 이웃을 사랑하는 것이 제사나 제물보다 더 중요하다는 데 동의했다.

예수님께서 말씀하셨다. "너는 하나님의 나라에서 멀리 있지 않다."

그 뒤에는 감히 예수님께 더 묻는 사람이 없었다.

예수님께서 바리새파 무리에게 질문하셨다. "그리스도가 누구의 자손이냐?"

"다윗의 자손입니다." 그들이 대답했다.

예수님께서 물으셨다. "그러면 어찌하여 다윗은 그를 '주'라고 불렀느냐? 다윗이 말하기를, '주님께서 내 주께 말씀하셨다. 내가 네 원수를 네 발 아래 굴복시킬 때까지, 너는 내 오른쪽에 앉아 있어라.' 다윗이 그를 '주'라고 불렀는데, 어떻게 그가 그의 자손이 될 수 있느냐?"

바리새파 사람들은 어떻게 대답해야 할지 몰라 아무 말도 하지 못했다.

자신을 고소하려는 종교 지도자들의 시도에 실망하신 예수님은 바리새파 사람들과 율법 교사들을 통렬하게 비난하셨다. 주님은 그들이 위선자요 눈먼 인도자들이라고 하시면서, 그들에게 '일곱 재난'을 선고하셨다. 그리고 그들이 하나님의 율법을 어기고 하나님의 사신들을 거부하고, 심지어는 죽이기까지 하였다고 비난하셨다. 주님은 이어서 그들의 죄와 그 조상들의 죄에 대한 임박한 심판을 경고하셨다. "의인 아벨의 피로부터 사가랴의 피에 이르기까지, 땅에 죄 없이 흘린 모든 피가 너희에게 돌아갈 것이다. 내가 진정으로 너희에게 말한다. 이 일의 책임은 다 이 세대에게 돌아갈 것이다."

예수님은 이스라엘이 회개하기를 간절히 바라셨다. 주님은 암탉이 병아리를 날개 아래 품듯이 그들을 품으려 하셨으나 그들이 원치 않았다. 주님은 "너희가 '주의 이름으로 오시는 분은 복되시다!'라고 말할 그 때까지, 다시는 나를 보지 못할 것이다"라고 예언하셨다.

마지막 때에 대한 말씀

예수님께서 제자들과 함께 사람들이 성전으로 돈을 가져오는 곳 가까이에 앉으셨다. 주님은 부자들이 많은 돈을 헌금함에 넣는 것을 보시고, 또 가난한 과부가 보잘것없는 구리 동전 하나를 넣는 것도 보셨다. 예수님께서 제자들에게 말씀하셨다. "내가 진정으로 너희에게 말한다. 헌금함에 돈을 넣은 사람들 가운데, 이 가난한 과부가 어느 누구보다도 더 많이 넣었다. 부자들은 부유한 데서 얼마를 내었으나, 이 과부는 가난한 중에 가진 것 모두, 곧 자기 생활비 전부를 넣었다."

그들이 성전을 떠나갈 때, 제자들이 말하였다. "선생님, 이 크고 멋진 건물을 보십시오!"

예수님께서 대답하셨다. "그래, 큰 건물이다. 그러나 그것이 돌 위에 돌 하나도 남지 않고 다 무너질 것이다."

그들이 물었다. "이런 일이 언제 일어나겠습니까? 또 선생님이 다시 오실 때에 무슨 징조가 있겠습니까?"

그 질문에 대한 답으로, 예수님은 메시아를 사칭하는 사람들, 계속되는 전쟁, 끔찍한 자연 재해, 그리고 신자들에 대한 박해를 경고하셨다. 주님은 이런 일들이 이 시대의 종말이 오기 전에 있을 강렬한 '산통'일 뿐이라고 말씀하셨다.

하나님 나라의 복음은 종말이 오기 전에 모든 민족에게 전파될 것이다. 사람들은 다니엘이 예언한 '황폐하게 하는 가증스러운 물건'을 보면, 예루살렘에서 도망쳐야 한다는 것을 알 것이다.

이 끔찍한 환난의 날들이 지난 뒤, 예수님은 자신이 돌아오실 것이라고 말씀하셨다. "인자가 큰 권능과 영광에 싸여 하늘 구름을 타고 오는 것을 보게 될 것이다. 그는 천사들을 보낼 것인데, 그들은 세상 모든 곳에서 신자들을 모을 것이다."

예수님은 예루살렘의 파괴와 그분의 재림에 대한 메시지를 일련의 비유로 말씀하셨다. 주님은 자기를 따르는 자들에게 그분의 재림을 인내함으로 기다리고 신실하게 섬기라고 도전하셨다.

예수님은 마지막 이야기에서 최후의 심판을 설명하시며, 인자가 올 때 '양'과 '염소'를 나누실 것이라고 말씀하셨다. 양들은 자비를 베풀었기 때문에 천국에 들어갈 자격을 얻을 것이다. 그러나 염소들은 가난한 자와 무력한 사람들을 무시하여 영원한 형벌에 처해질 것이다.

모의가 시작되다

유월절이 이틀밖에 남지 않은 것을 아시고, 예수님은 제자들에게 "인자가 넘겨져서 십자가에 달릴 것이다"라고 말씀하셨다.

대제사장들과 유대인의 장로들이 대제사장 가야바의 집에서 만나 예수님을 죽이기 위해 모의하였다. 그들은 소동이 일어날까 두려워 백성들 모르게 일을 진행하였다.

예수님은 베다니로 가셔서 나병 환자 시몬의 집에 머무셨다. 주님이 음식을 잡수시려고 앉으셨을 때, 한 여자가 예수님의 뒤로 다가와서 그분의 머리에 값 비싼 향유를 부었다.

그것을 본 가룟 유다는 불평하였다. "왜 이렇게 낭비하는 거요! 이 향유를 팔아서 가난한 사람들을 돕는 것이 더 나았을 것이오."

예수님께서 대답하셨다. "이 여자를 비난하지 말라. 그녀는 아름다운 일을 하였다. 가난한 사람들을 도울 기회는 항상 있을 것이나 나는 너희와 그리 오래 있지 않을 것이다. 온 세상 어디서든지, 이 복음이 전파되는 곳에서는 이 여자가 한 일도 전해져서 기억하게 될 것이다."

그날 열두 제자 가운데 하나인 가룟 유다가 그곳을 떠나 대제사장의 집으로 갔다. 그는 "내가 예수를 넘겨주면, 얼마를 주실 것입니까?"라고 물었다.

그들은 유다에게 은전 30개를 세어 주었다. 그날부터 가룟 유다는 어떻게 예수님을 넘겨줄지 기회를 노리기 시작했다.

유월절과 다락방에서의 가르침 목요일

무교절 첫째 날, 예수님의 제자들이 그분께 와서 "우리가 유월절 음식을 어떻게 준비할까요?" 하고 물었다. 예수님은 그들에게 예루살렘으로 가서 물동이를 메고 오는 사람을 찾으라고 말씀하셨다. "그리고 그가 들어가는 집으로 따라 들어가서 그 집 주인에게 말하기를 '선생님께서 하시는 말씀이, 제자들과 함께 유월절을 보낼 방이 어디에 있느냐고 하십니다'고 하여라. 그러면 그가 큰 다락방을 너희에게 보여줄 것이다. 거기에서 준비를 하여라."

제자들은 성 안으로 들어가서 주님께서 말씀하신 대로 유월절을 준비하였다.

누가 큰 자인가?

그날 저녁, 예수님과 제자들은 다락방으로 가서 유월절 음식을 먹었다. 음식을 먹기 전, 제자들은 그들 중 누가 가장 큰 사람인가를 놓고 말다툼을 하였다.

예수님께서 그들에게 말씀하셨다. "이 세상의 왕들은 백성들 위에 군림한다. 그러나 나는 내 제자들이 그렇지 않기를 바란다. 너희 가운데서 가장 큰 사람은 가장 낮은 자리에 앉아야 한다. 언젠가는 너희가 내 나라에서 다스릴 것인데, 나는 너희가 겸손하게 다른 사람들을 섬기기를 원한다."

그리고 바로 예수님께서 모범을 보이셨다. 주님은 겉옷을 벗고 수건을 허리에 두르신 후 제자들의 발을 씻기셨다.

시몬 베드로의 차례가 되었을 때, 그는 강하게 저항하였다. "아닙니다. 제 발은 절대로 씻기지 못하십니다."

예수님께서 말씀하셨다. "내가 네 발을 씻기지 않으면, 너는 내 제자가 될 수 없다."

그러자 베드로가 대답했다. "그러면 온몸을 씻어주십시오!"

예수님께서 말씀하셨다. "그럴 필요는 없다. 이미 목욕한 사람은 온몸이 깨끗하다. 너희는 내 제자이기 때문에 깨끗하다. 그러나 모두 다 그런 것은 아니다." 예수님은 유다가 자신을 배반하려는 것을 알고 계셨기 때문에 이렇게 말씀하신 것이다.

죽음과 부활을 예고하심

그들이 먹고 있을 때, 예수님께서 말씀하셨다. "너희 가운데 한 사람이 나를 배신할 것이다!"

제자들은 근심에 싸여 말했다. "주님, 저는 아니지요?"

예수님께서 대답하셨다. "나와 함께 이 음식을 먹는 자가 그 사람이다. 인자는 예언대로 그의 길을 가겠지만, 나를 배신한 그 사람은 차라리 태어나지 않았더라면 자기에게 좋았을 것이다."

이에 유다가 말했다. "선생님, 저는 아니지요?"

예수님께서 대답하셨다. "그래, 너다."

유다가 빵 조각을 받자, 그 순간 사탄이 그에게 들어갔다.

예수님께서 말씀하셨다. "네가 할 일을 어서 하여라!"(당시 유다가 돈을 책임지고 있었기 때문에, 제자들은 예수님께서 유다에게 가서 먹을 음식을 사라고 하셨거나 가난한 사람들에게 무엇을 주라고 말씀하신 것으로 생각했다)

유다는 곧 어둠 속으로 나갔다.

이어서 예수님께서 남아 있는 제자들에게 말씀하셨다. "내 사랑하는 자들아, 이제 잠깐 동안만 내가 너희와 함께 있을 것이다. 너희가 나를 찾을 것이나 찾을 수 없을 것이고, 내가 가는 곳에 너희는 올 수 없을 것이다."

"이제 나는 너희에게 새 계명을 준다. 내가 너희를 사랑한 것 같이 너희도 서로 사랑하여라. 너희가 서로 사랑하면, 너희가 세상에서 내 제자인 것을 증명하게 될 것이다."

베드로가 물었다. "주님, 어디로 가십니까?"

예수님께서 대답하셨다. "베드로야, 내가 가는 곳에 네가 지금은 따라올 수 없으나 나중에는 올 수 있을 것이다." 주님은 베드로와 모든 제자들에게 그들이 자신을 저버릴 것이라고 말씀하셨다. 그러나 죽은 자들 가운데서 다시 살아나신 후, 갈릴리에서 그들을 만나시겠다고 약속하셨다.

베드로는 다른 모든 사람이 주님을 버릴지라도 자신은 결코 떠나지 않겠다고 항변하였다. 그러나 주님은 닭이 울기 전에 베드로가 그분을 세 번 부인할 것이라고 말씀하셨다.

베드로는 "제가 죽는 한이 있을지라도, 절대로 선생님을 모른다고 하지 않을 것입니다"라고 장담하였고, 다른 제자들도 그렇게 말하였다.

성령을 보내리라

제자들이 시험을 받을 것이라고 경고하신 후, 예수님은 다시 유월절 음식을 잡수셨다. 주님은 빵을 들어 감사기도를 드리신 다음 떼어서 한 조각씩 나눠주시며 이렇게 말씀하셨다. "이 빵은 내 몸이다. 이것을 먹고 나를 기억하여라."

그 다음 포도주잔을 들어 감사기도를 드리시고 이렇게 말씀하셨다. "이것은 너희를 위하여 흘리는 내 피로 세우는 새 언약이다. 이것을 마시고 나를 기억하여라. 너희가 이것을 행할 때마다, 그가 다시 오실 때까지 주의 죽으심을 선포하는 것이다."

예수님은 자신이 그들을 떠나실 것이라고 말씀하신 것 때문에 제자들이 충격을 받을 것을 아셨다. "너희는 마음에 근심하지 말라. 하나님을 믿고 또 나를 믿으라." 주님은 제자들에게 그들이 있을 곳을 예비하러 가시며, 그들이 언젠가 그분과 함께 있게 될 것이라고 약속하셨다. 제자들이 그분이 가시는 곳이 어디인지 모른다고 불평하자, 예수님께서 말씀하셨다. "나는 길이요, 진리요, 생명이다. 나를 거치지 않고서는 아무도 아버지께로 갈 사람이 없다."

예수님은 그분이 계시지 않는 동안 제자들이 주님과 새로운 관계를 맺게 될 것이라고 약속하셨다. 주님은 성령(옹호자/조언자/조력자/위로자)을 보내셔서 영원히 그들과 함께 있게 하실 것이다. 성령은 그들을 진리로 인도하고, 세상으로 하여금 그들의 죄와 의의 결핍을 깨닫게 하고, 그리스도께 영광을 돌리게 할 것이다.

예수님은 포도나무 비유를 통해 열매를 맺기 위해서는 자신과 친밀하게 연결되어 있어야 한다고 말씀하셨다. 주님은 제자들이 그분이 직면하셨던 것과 동일한 적의와 박해를 경험하게 되겠지만, 성령께서 그들을 도우셔서 세상을 향해 담대히 증언하게 하실 것이라고 말씀하셨다.

예수님은 제자들에게 이 모든 것을 말씀하신 후 기도하셨다. 주님은 하나님께 아들을 영광되게 하시고, 제자들을 보호하시고, 모든 신자들이 예수님과 그분의 아버지가 하나인 것처럼 하나가 되게 해달라고 간구하셨다.

예수님과 제자들은 찬송을 부르고 기드론 골짜기를 가로질러 올리브 산으로 갔다.

체포

겟세마네라고 불리는 올리브 동산에 도착하자 주님은 제자들에게 "내가 기도하는 동안 너희는 여기서 기다려라"고 말씀하셨다.

예수님은 베드로와 야고보와 요한만 데리시고 조금 떨어진 곳으로 가셔서 슬퍼하며 괴로워하셨다. 주님은 그들에게 말씀하셨다. "내 영이 괴로워서 죽을 지경이니 너희는 여기에 머물며 깨어 있어라."

예수님은 조금 나아가서 땅에 엎드려 간절히 기도하셨다. "아빠, 아버지, 이 고통의 잔을 나에게서 가져가 주십시오! 그러나 내 뜻대로 하지 마시고, 아버지의 뜻이 이루어지기를 원합니다." 예수님은 땀이 굵은 핏방울 같이 되어 땅에 떨어지도록 간절히 기도하셨다.

예수님께서 제자들에게 돌아오셨을 때, 그들은 곤히 잠들어 있었다. 주님은 베드로에게 이렇게 말씀하셨다. "너희는 한 시간도 나와 함께 깨어 있을 수 없느냐? 시험에 빠지지 않도록 깨어서 기도하라. 네 마음은 원하지만 육신이 약하구나."

예수님은 다시 그들을 떠나 기도하러 가셨다. 다시 돌아오셨을 때, 그들은 여전히 잠을 자고 있었다. 그들은 너무 당황스러워서 무슨 말을 해야 할지 몰랐다. 주님이 세 번째 기도하고 돌아오셨을 때에도 똑같은 일이 벌어졌다. 예수님께서 말씀하셨다. "아직도 자고 있느냐? 보라, 인자가 죄인들의 손에 넘어간다. 나를 넘겨줄 자가 가까이 왔다."

예수님께서 말씀을 마치시기도 전에 유다가 무장한 병사들을 데리고 올리브 산으로 들이닥쳤다. 유다는 그들에게 자신이 입을 맞추는 사람이 예수라고 말해두었다. 그는 예수님께 곧장 다가가서 "랍비님!"('선생님'을 의미한다) 하고 부르며 입을 맞췄다.

예수님께서 말씀하셨다. "친구여, 네가 계획한 일을 하라!"

병사들이 예수님을 붙잡자 베드로가 칼을 빼들었다. 그 칼에 대제사장의 종이 맞아 그의 귀가 잘렸다.

그것을 보신 예수님께서 말씀하셨다. "베드로야, 네 칼을 도로 넣어라. 아버지께서 나에게 주신 이 잔을 내가 어찌 마시지 않겠느냐?" 그리고 그 사람의 귀를 만져서 낫게 해주셨다.

병사들과 유대 관리들은 예수님을 잡아 묶었다.

그러자 예수님께서 말씀하셨다. "너희는 강도에게 하듯 무기를 가지고 왔느냐? 내가 날마다 성전에 앉아서 가르쳤지만, 너희는 나를 체포하지 않았다. 그러나 이제 성경의 말씀이 이루어졌다."

예수님의 제자들은 모두 도망을 갔다. 그들 중 한 명은 겉옷만 입고 있다가 병사들이 잡으려고 하자 맨몸으로 달아났다.

유대 법정의 심문과 재판

예수님은 한밤중에 대제사장 가야바의 장인, 안나스의 집에 끌려가셨다. 안나스는 예수님께 그분의 제자들과 가르침에 관하여 물었다.

예수님께서 대답하셨다. "나는 회당에서도 가르치고 성전에서도 가르쳤으며, 아무것도 숨어서 말한 것이 없소. 어찌하여 나에게 묻는 것이오? 내가 무슨 말을 하였는지 그들은 알고 있소."

관리 중 한 사람이 손바닥으로 예수님의 얼굴을 때렸다. "대제사장에게 그게 무슨 대답이냐?" 그가 힐문하였다.

예수님께서 대답하셨다. "내가 한 말에 잘못이 있으면, 그것이 무언지 말하시오. 그러나 내가 한 말이 옳다면, 어찌하여 나를 때리시오?"

그들은 예수님을 잠깐 심문한 후, 그분을 가야바에게 보냈다. 밤이 깊었음에도 불구하고, 가야바는 산헤드린(최고 종교회의) 사람들 몇 명을 모아놓았다.

그들은 예수님을 고소할 증거를 찾기 위해 여러 증인들을 데려왔다. 그러나 그들의 증언이 서로 들어맞지 않아 예수님을 고소할 충분한 증거를 찾지 못하였다. 결국 그들은 예수님이 성전을 허물고 3일 만에 다시 짓겠다고 하셨다고 말하는 두 명의 증인을 찾아냈다.

가야바가 예수님에게 그 고소에 대해 답변할 마음이 있느냐고 물었다. 그러나 예수님은 아무 말도 하지 않으셨다. 당황한 대제사장이 말하였다. "우리에게 당신이 그리스도, 하나님의 아들인지 말해주시오."

예수님은 "그렇다"고 대답하셨다. "이제로부터 당신들은 인자가 하나님의 보좌 오른쪽에 앉아 있는 것과 하늘 구름을 타고 오는 것을 보게 될 것이오."

그 말을 들은 대제사장은 분노와 충격에 휩싸여 자기 옷을 찢으며 말하였다. “이제 더 이상 증인이 필요하지 않다. 여러분은 방금 하나님을 모독하는 말을 들었소. 여러분의 판결은 무엇이오?”

그곳에 있던 사람 모두가 말했다. “유죄입니다. 그는 사형을 받아야 합니다.” 그들 가운데 일부는 예수님의 얼굴에 침을 뱉었다. 그들은 주님의 눈을 가리고 주먹으로 때렸고, 그분을 조롱하며 이렇게 말하였다. “알아 맞춰 보아라. 너를 때린 사람이 누군지 말해봐라.” 그들은 예수님을 경비병들에게 넘겨주었고, 그들도 주님을 때렸다.

대제사장을 알고 있었던 베드로와 또 다른 제자가 예수님을 따라 그 집으로 들어갔다. 그들이 안뜰에 들어가던 중 한 하녀가 문에서 베드로에게 물었다. “당신은 예수의 제자 중 한 사람이지요?”

베드로가 대답하였다. “난 아니오.”

밤이 깊어지자 경비병들은 뜰 가운데 모닥불을 피웠다. 베드로도 그들과 함께 앉았는데, 다른 하녀가 그를 보고 말했다. “당신도 예수를 따르던 사람 중 하나입니다. 당신은 갈릴리에서 그와 함께 있었습니다.”

베드로는 강하게 부인했다. “여자여, 나는 그를 모르오!”

한 시간쯤 후에 다른 사람이 베드로에게 다가와서 말했다. “당신의 억양을 보니 갈릴리 사람인 것을 알겠소. 그를 따르는 자 중 하나가 분명하오.”

베드로가 말했다. “맹세하건대 나는 아니오. 만일 그렇다면, 내가 저주를 받을 것이오!” 그때 바로 닭이 울었고, 베드로는 “닭이 울기 전에 네가 나를 세 번 부인할 것이다”라고 하신 예수님의 말씀이 생각나

괴로워하며 통곡하였다.

새벽에 예수님은 산헤드린 공회 앞에 서셨다. 그들은 “그대가 그리스도면 우리에게 말해주시오”라고 다그쳤다.

예수님께서 대답하셨다. “내가 그렇다고 말하더라도, 당신들은 믿지 않을 것이오. 이제부터 인자는 전능하신 하나님의 오른편에 앉게 될 것이오.”

그들이 물었다. “그러면 그대가 하나님의 아들이라고 주장하는 것이오?”

예수님께서 대답하셨다. “내가 그요!”

그들이 말했다. “이것으로 증거는 충분하오. 그가 스스로 증언하였소.”

예수님이 유죄 판결을 받으시는 것을 본 가룟 유다는 주님을 배반한 것을 후회하며 자신이 받았던 은전을 종교 지도자들에게 돌려주며 이렇게 말했다. “내가 죄 없는 사람을 배신함으로 죄를 지었소.”

그 말을 들은 종교 지도자들은 “그것이 우리와 무슨 상관이오? 그것은 그대의 문제요”라고 말하였다.

유다는 성전에 돈을 내던지고 스스로 목을 매달아 죽었다. 그 돈이 살인을 위한 뇌물이었기 때문에, 제사장들은 그것으로 나그네들의 묘지로 사용할 밭을 샀다. 이 밭은 오늘날까지 ‘피밭’으로 불리고 있다. 이렇게 해서 메시아를 배신하는 데 지급된 돈이 토기장이의 밭을 사는 데 사용될 것이라는 예레미야(그리고 스가랴)의 예언이 성취되었다.

로마 법정의 심문과 재판

빌라도와 헤롯의 심문

산헤드린은 예수님을 팔레스타인 지방의 로마 총독 빌라도에게 넘겨주었다. 유대 종교 지도자들이 자신들을 더럽히고 싶지 않아 총독의 관저 바깥에 있었기 때문에, 빌라도는 그들을 만나기 위해 밖으로 나와야 했다.

빌라도가 물었다. "이 사람을 무슨 일로 고발하는 것이오?"

지도자들은 예수님이 로마에 대항하여 전복을 기도하는 죄를 지었으며 자기가 왕이라고 주장한다고 말했다.

빌라도는 그들에게 유대법에 따라 그를 재판하라고 하였다.

이에 그들이 항변하였다. "우리에게는 사람을 죽일 권한이 없습니다."

빌라도는 다시 관저 안으로 들어가, 예수님을 불러내서 물었다. "당신이 유대 사람들의 왕이오?"

"내가 왕이라고 다른 사람들이 말하여 준 것이오, 아니면 당신이 생각한 것이오?" 예수님께서 대답하셨다.

빌라도가 말했다. "나는 유대 사람이 아니오. 보시오, 당신의 동족이 당신을 여기로 데려왔소. 당신은 무슨 잘못을 하였소?"

예수님께서 말씀하셨다. "내 나라는 이 세상의 제국이 아니오. 그랬더라면, 나의 부하들이 나를 방어했을 것이오. 내 나라는 이 세상의 제국들과 다르오."

"그러면 당신은 왕이오?" 빌라도가 말했다.

"당신의 말이 옳소. 나는 왕이오. 나는 진리를 증언하기 위해 세상에 왔소."

"진리가 무엇이오?" 빌라도가 생각에 잠겼다. 그는 유대 사람들에게 나와서 말했다. "나는 그에게서 아무런 죄도 찾지 못하였소."

종교 지도자들은 단념하지 않았다. 그들은 예수님이 온 유대와 갈릴리에 위협이 된다고 주장하였다.

빌라도는 다시 예수님에게 가서 대제사장들이 한 말을 전해주었다. 그러나 예수님은 자신을 변호하지 않으셨다. 빌라도는 이것을 매우 이상하게 생각했다.

빌라도는 예수님이 갈릴리 사람이라는 것을 알게 되었는데, 그곳은 헤롯 안디바(로마 치하의 대리 통치자)의 관할 구역이었다. 그래서 그는 예수님을 헤롯에게 보냈다.

헤롯은 예수님에 대한 소문을 많이 들었기 때문에 그분을 보고 매우 기뻐하였다. 그는 예수님이 기적을 행하시기를 바라며 여러 가지 질문을 하였다.

종교 지도자들이 곁에 서서 온갖 명목으로 맹렬하게 고소하는데도 불구하고, 예수님은 아무 말도 하지 않으셨다. 헤롯은 예수님을 조롱한 후 다시 빌라도에게 보냈다. 헤롯과 빌라도가 전에는 서로 원수였지만, 그날에는 친구가 되었다.

그를 십자가에 못 박으시오!

빌라도는 유대인들에게 자신과 헤롯이 예수님을 심문하였으나 둘 다 그분이 로마에 위협이 된다는 증거를 찾지 못했다고 하였다. 그는 대제사장들이 예수님이 로마법을 어겼기 때문이 아니라 시기 때문에 그분을 고소하였다는 것을 깨달았다.

로마는 관례적으로 유월절에 죄수 한 명을 풀어주었다. 그래서 빌라도는 악명 높은 범죄자 바나바나 혹은 예수님, 둘 중에 한 사람을 풀어주겠다고 제안하였다.

빌라도가 대답을 기다리고 있을 때, 그의 아내로부터 다음과 같은 메시지를 받았다. "지난밤에 꿈을 꾸었는데, 예수라는 사람 때문에 몹시 괴로웠어요. 그 사람에게 유죄판결을 내리지 마세요. 그는 무고합니다."

그러나 유대 지도자들은 군중들을 선동하여 빌라도에게 폭동과 살인으로 체포된 바나바를 놓아달라고 요청하게 하였다.

빌라도는 유대 사람들에게 나가서 자신은 예수님에게 죄가 없음을 확신한다고 분명히 말했다. 그리고 예수님을 끌어내어 군중들 앞에 세우며 "보라, 그 사람이다!"라고 하였다.

예수님을 본 제사장들과 성전 수비대는 소리를 지르기 시작했다. "그를 십자가에 못 박으시오! 그를 십자가에 못 박으시오!"

빌라도가 말했다. "너희가 그를 십자가에 못 박는 것이다. 그에게는 죄가 없다!"

지도자들은 완강했다. "우리의 법에 따르면, 자신을 하나님의 아들이라고 주장하는 자는 처형을 당해야 합니다."

빌라도는 예수님을 다시 총독 관저로 데리고 들어가 "당신은 어디서 왔소?" 하고 물었다.

예수님은 아무 대답도 하지 않으셨다.

빌라도가 말했다. "왜 아무 대답도 하지 않소? 나에게 당신을 놓아줄 권한도 있고, 처형할 권한도 있다는 것을 모르시오?"

예수님께서 대답하셨다. "위에서 주지 않으셨더라면, 당신에게는 나를 해할 권한이 없었을 것이오."

빌라도는 계속해서 예수님을 놓아주려고 애를 썼다. 그러나 유대 사람들은 "이 사람을 놓아준다면, 총독님은 로마 황제의 충신이 아닙니다! 누구든지 자기가 왕이라고 주장하는 사람은 반역자입니다"라고 외쳤다.

이 말을 들은 빌라도는 다시 예수님을 데리고 나와 재판석에 앉았다. "보시오, 당신들의 왕이오." 빌라도가 말했다. 그러나 유대 사람들은 "그를 없애 버리시오! 그를 십자가에 못 박으시오!"라고 소리쳤다.

빌라도가 물었다. "당신들의 왕을 내가 십자가에 못 박았으면 좋겠소?" 그는 상징적으로 손을 씻고 말하였다. "나는 이 사람의 피에 대하여 아무 책임이 없소."

사람들이 소리쳤다. "그 사람의 피를 우리와 우리 자손에게 돌리시오!"

대제사장들이 대답하였다. "우리에게는 황제 폐하 외에는 왕이 없습니다."

빌라도는 유대 지도자들과 적의에 찬 군중들을 만족시키기 위해 예수님을 채찍질하여 처형하라고 넘겨주었다.

십자가 처형

처음 세 시간

예수님을 십자가에 못 박기 전, 병사들이 그분을 희롱하였다. 그들은 가시관을 엮어서 그분의 머리에 씌우고 자색 옷을 입힌 후, 예수님을 조롱하면서 "유대인의 왕, 만세!"라고 외치며 갈대로 만든 홀을 들게 하였다. 그리고 다시 그것을 빼앗아 예수님의 머리를 때렸다.

예수님은 직접 십자가를 지고 가셔야 했으나 도중에 병사들이 구레네 사람 시몬에게 강제로 예수님의 십자가를 지고 가게 하였다. 슬픔에 잠긴 여자들을 포함하여 많은 무리가 처형장까지 예수님을 따라갔다.

예수님께서 그들을 돌아보시며 말씀하셨다. "예루살렘의 딸들아, 나를 위해 울지 말고, 너희와 너희 자녀들을 위하여 울라. 아이를 낳아보지 못한 여자들과 젖을 먹여보지 못한 여자들이 복되다. 곧 사람들이 끔찍한 고통을 견디다 못해 죽여 달라고 애원하게 될 것이다."

예수님과 다른 두 죄인은 골고다(아람어로 '해골의 곳'이라는 의미)로 끌려갔다. 오전 9시경에 병사들이 그분을 십자가에 못 박아 두 도둑들 사이에 세웠다. 주님을 십자가에 못 박은 병사들은 그분의 옷을 네 조각으로 나누어 가졌고, 겉옷은 찢지 않고 제비를 뽑아 가졌다.

빌라도는 십자가 위에 죄패를 붙이게 하였는데, '나사렛 사람 예수, 유대인의 왕'이라고 썼다.

제사장들은 그 죄패를 읽고 이의를 제기했다. "'유대인의 왕'이라고 쓰지 말고, 스스로 유대인의 왕이라고 주장하고 있다고 쓰십시오." 그러나 그들의 항의는 받아들여지지 않았다. 빌라도는 "나는 쓸 것을 썼다"고 대답했다.

지나가던 사람들 중 몇몇 사람들이 예수님을 조롱하였다. "성전을 허물고, 사흘 만에 다시 짓겠다고 주장하던 사람아, 너 자신을 구원하여 보아라. 네가 하나님의 아들이라면, 십자가에서 내려와 봐라."

종교 지도자들도 이에 가세하여 함께 예수님을 조롱하였다. 그들은 "그가 다른 사람들은 구원하였으나 자기는 구원하지 못하는가 보다. 그가 십자가에서 내려올 수 있다면, 우리는 그가 그리스도요 하나님의 아들이라는 것을 믿을 것이다"라고 말하였다.

십자가에 달린 도둑 중 한 명이 이렇게 소리쳤다. "네가 그리스도라면 너와 우리를 구원하여라!"

그러자 다른 도둑이 그를 꾸짖었다. "너는 하나님이 두렵지도 않느냐? 우리는 죄를 지었으니 죽는 것이 마땅하지만, 이 사람은 그렇지 않다. 그는 범죄자가 아니다." 그리고 그는 예수님께 이렇게 말하였다. "예수님, 오늘 주님의 나라에 들어가실 때, 저를 기억해 주십시오."

예수님께서 대답하셨다. "오늘 네가 나와 함께 낙원에 있을 것이다."

몇 명의 여자들이 십자가 가까이에 서 있었는데, 예수님께서 어머니와 그 옆에 서 있는 사랑하는 제자 요한을 보시고 이렇게 말씀하셨다. "어머니, 이제 이 사람이 어머니의 아들입니다." 그리고 사랑하는 제자에게는 "이제 이분이 네 어머니시다" 하고 말씀하셨다.

그때부터 요한이 마리아를 친어머니처럼 돌보았다.

마지막 세 시간

정오부터 오후 3시까지 어둠이 온 땅을 덮었다. 그리고 예수님께서 큰 소리로 부르짖어 말씀하셨다. "나의 하나님, 나의 하나님, 어찌하여 나를 버리셨습니까?"(엘리 엘리 라마 사박다니)

거기 있던 사람들 중 몇은 이 말을 이해하지 못하고 예수님이 엘리야를 부르고 있다고 생각하였다.

예수님께서 말씀하셨다. "목마르다."

구경꾼 중 하나가 해면에 마실 것을 적셔서 갈대에 꿰어 그에게 마시게 하였다.

예수님께서 기도하셨다. "아버지, 내 영혼을 아버지 손에 맡깁니다." 그리고 소리치셨다. "다 이루었다!"

이 말씀을 하시고, 예수님은 머리를 떨어뜨리시고 숨을 거두셨다. 그 순간, 성전의 휘장이 위에서 아래까지 두 폭으로 찢어졌고, 땅이 진동하며 바위가 터졌다. 예수님을 십자가에 못 박았던 병사들과 지휘관이 그 광경을 보고 이렇게 말하였다. “그는 분명 하나님의 아들이셨다.”

십자가 처형을 지켜보았던 여자들 중에는 막달라 마리아, 야고보와 요셉의 어머니 마리아, 그리고 야고보와 요한의 어머니가 있었다.

요약

예수님은 유대 종교 지도자들이 자신을 죽일 음모를 꾸미고 있다는 것을 아셨음에도 불구하고, 유월절을 지키기 위해 예루살렘으로 가셨다. 승리의 입성 이후에, 예수님은 장사꾼들을 성전 밖으로 몰아내심으로 기존 종교 체계에 도전하셨다. 주님은 그들의 위선을 엄중하게 비난하시고, 제자들에게 자신이 곧 체포되어 처형될 것이라고 예고하셨다.

예수님은 제자들과 함께 유월절을 기념하셨다. 주님은 그들에게 자신이 곧 그들을 떠날 것이라고 말씀하시며, 성령을 보내주시겠다고 약속하셨다. 주님은 겟세마네 동산에서 기도하시던 중 체포되셨다.

빌라도는 유대 종교 지도자들과의 오랜 실랑이 끝에 결국 예수님께 유죄 판결을 내렸다. 예수님은 로마의 처형법대로 십자가에 못 박히셨다. 주님은 십자가에 못 박히신 지 6시간 후에 큰 소리를 외치시고 돌아가셨다.

6
CHAPTER

부활
(사복음서)

주요 등장인물

예수님 | 아리마대 요셉 | 니고데모 | 여자들 | 제자들

배경

예루살렘 | 갈릴리

장사 지냄

유대인들은 안식일이 되기 전에 십자가에 달린 사람들을 내리기 원했다. 그래서 그들은 빌라도에게 그들의 다리를 꺾고 시체를 치워달라고 요구했다. 병사들이 두 도둑의 다리를 꺾고 예수님께 와보니 이미 숨을 거두신 상태였다.

병사들은 그분의 다리를 꺾는 대신 옆구리에 창을 찔러 넣었다. 그러자 옆구리에서 피와 물이 흘러나왔다. 이렇게 해서 성경의 "그의 뼈가 하나도 꺾이지 않을 것이다"(시 34:20)라고 한 말씀과 "그들은 자기들이 찌른 자를 볼 것이다"(슥 12:10)라고 한 말씀이 성취되었다.

아리마대 요셉은 산헤드린 공회 의원으로 경건한 사람이었다. 그는 빌라도에게 가서 예수님의 시신을 달라고 요구하였다. 빌라도는 백부장으로부터 예수님이 이미 숨을 거두셨다는 소식을 듣고 요셉이 예수님을 장사 지내도록 허락해주었다.

요셉과 니고데모(전에 예수님을 찾아와 대화를 나누었던 사람)는 예수님의 시신을 십자가에서 내려 75파운드의 향품과 함께 삼베로 싸서 장사 지낼 준비를 하였다.

예수님을 묻기 위해 요셉은 자신의 장례를 위해 준비해두었던 무덤을 사용하였다. 그와 니고데모는 시신을 안에 모신 다음 무덤 입구에 큰 돌을 굴려 놓았다.

요셉이 예수님을 장사 지내는 것을 보기 위해 따라왔던 여인들은 안식일을 준비하러 집으로 돌아갔다.

종교 지도자들은 예수님께서 3일 후에 죽음에서 살아날 것이라고 말씀하셨던 것을 기억하고, 빌라도에게 무덤에 경비병을 세워달라고 요청하였다. 그들은 예수님의 제자들이 그분의 시신을 훔쳐서 그분이 죽음에서 살아났다고 이야기할까 봐 염려하였다. "그렇게 되면, 그 파장은 처음 것보다 더 클 것입니다."

빌라도는 그들에게 경비병을 세워 무덤을 지키라고 하였다. 종교 지도자들은 무덤 입구를 봉인하고 경비병을 두어 지키게 하였다.

빈 무덤

안식일 후 이른 아침에 막달라 마리아와 야고보의 어머니 마리아와 살로메가 예수님의 시신에 향유를 덧바르기 위해 미리 봐두었던 무덤으로 향했다.

그때 강한 지진이 일어났고, 천사가 무덤 입구를 막고 있던 큰 돌을 굴려 내어 그 위에 앉았다. 천사의 모습은 번개와 같았고, 그의 옷은 눈과 같이 희었다. 그 모습에 무덤을 지키던 경비병들은 두려워 얼어붙었다.

여자들은 길을 가면서 무덤을 막은 큰 돌을 어떻게 옮겨 놓아야 할지 걱정하였다. 그런데 무덤에 도착하자 돌이 이미 옮겨져 있었다.

그들은 무덤에 들어가서 젊은 남자처럼 보이는 천사를 보았다. 천사는 여자들을 안심시키며 말하였다. "놀라지 말라. 예수님은 여기 계시지 않다. 그분은 살아나셨다! 가서 제자들에게 예수님께서 약속하신 대로 갈릴리에서 그들을 만나실 것이라고 전하여라."

천사가 보장해주었음에도 불구하고, 여자들은 놀라고 두려운 마음에 무덤에서 달아났다.

여자들이 열한 제자들에게 예수님의 무덤이 비어 있었다고 전하였지만, 제자들은 그 말을 믿지 않았다. 막달라 마리아가 베드로와 요한에게 예수님의 시신을 도둑 맞았다고 말하자, 두 사람은 바로 무덤으로 달려갔다.

요한이 베드로보다 빨랐지만 그는 무덤 안으로 들어가지 않았다. 베드로가 주저하지 않고 곧장 안으로 들어가자 예수님의 시신에 입혔던 옷이 벗겨져 있었고, 얼굴을 덮었던 삼베는 따로 깨끗하게 접혀 있었다. 마침내 요한도 안으로 들어가 그 옷을 보고 예수님이 살아나셨다는 것을 믿었다. 그러나 그는 부활의 의미를 완전히 이해하지는 못하였다. 그들은 집으로 돌아갔다.

부활과 나타나심

예수님은 죽음에서 살아나신 후, 아버지께로 돌아가시기 전에 여자들과 열한 제자와 그분을 따르던 자들에게 나타나셨다.

막달라 마리아와 다른 여인들에게

막달라 마리아는 무덤으로 돌아와 밖에 서서 슬피 울고 있었다. 그러다가 예수님의 시신이 놓여 있던 곳에 하얀 옷을 입은 두 천사가 앉아 있는 것을 보았다.

그들은 그녀에게 물었다. “왜 울고 있느냐?”

“누가 우리 주님의 시신을 가져가서 어디에 두었는지 모르겠습니다.”

이렇게 말하고 뒤로 돌아섰을 때, 예수님께서 무덤 밖에 서 계셨지만 마리아는 주님을 알아보지 못하였다. “여자여.” 그가 말씀하셨다. “왜 울고 있느냐? 누구를 찾느냐?"

그분이 동산지기라고 생각했던 마리아가 물었다. "혹시 당신이 시신을 옮겨 놓았나요? 당신이 그랬다면, 제발 그분을 어디에 두었는지 말해주세요."

예수님께서 "마리아야!" 하고 부르시자, 그녀는 소스라치게 놀라 소리쳤다. "랍오니!"(그것은 '선생님'이라는 뜻이다)

예수님은 "내게 손을 대지 말라. 내가 아직 아버지께로 올라가지 않았다. 가서 내 제자들에게 내가 내 아버지, 나의 하나님 곧 너희의 하나님께로 돌아간다고 말하여라"고 말씀하셨다.

마리아는 제자들에게 달려가 자신이 예수님을 보았다고 말하였다. 그들은 슬픔에 잠겨 있었고, 예수님이 살아 계시다는 것을 믿지 않았다.

예수님은 빈 무덤을 발견했던 다른 여자들에게도 나타나셨다. 그들은 주님의 발을 붙잡고 절하였다. 예수님께서 그들에게 말씀하셨다. "가서 나의 형제들에게 갈릴리에서 나를 만나게 될 것이라고 전하여라."

은폐 공작

무덤을 지켰던 경비병들은 대제사장들에게 일어난 일을 보고하였다. 대제사장들은 장로들과 만나 이 일을 은폐할 계획을 세웠다.

그들은 경비병들에게 뇌물을 주며 이렇게 말하였다. "'예수의 제자들이 우리가 잠든 사이에 시신을 훔쳐갔다'고 말하여라." 그들은 로마 총독이 경비병들을 벌하려 하면 자신들이 해결해주겠다고 하였다. 그렇게 경비병들은 돈을 받고 거짓말을 하였다.

엠마오로 가는 두 제자에게

같은 날, 예수님을 따르던 자들 중 두 사람이 예루살렘으로부터 약 11킬로미터 떨어진 엠마오라는 작은 마을로 가고 있었다. 그들은 최근에 일어난 일에 대하여 이야기하고 있었는데, 그때 예수님께서 가까이 가서 그들과 함께 걸으셨다. 그들은 그분을 알아보지 못했다.

예수님께서 그들에게 무슨 이야기를 하고 있는지 물으셨다. 그들 가운데 하나인 글로바라는 사람은 이 낯선 사람이 예루살렘에서 일어난 일을 모르고 있는 것에 놀랐다.

예수님은 무슨 일이 있었느냐고 물으셨다.

그들은 능력 있는 선지자이자 놀라운 교사였던 나사렛 예수가 종교 지도자들에 의해 처형을 당했다고 하였다. "우리는 그가 우리 민족을 구원하실 것이라고 소망하고 있었습니다."

그들은 계속해서, 몇몇 여자들이 무덤에 가보았는데 그분의 시신을 찾지 못했다고 주장하고 있다고 말했다. 무덤은 약탈을 당한 것처럼 보이지 않았지만, 예수님을 볼 수 없었다는 것이다.

예수님께서 말씀하셨다. "선지자들이 예언한 것을 믿지 않으니 참으로 어리석은 사람들이다. 그들은 그리스도가 그의 영광에 들어가기 전에 이런 고난을 받고 죽어야 한다고 말하지 않았느냐." 이어서 예수님은 모세로부터 시작해서 성경에서 자신에 관해 써 놓은 내용들을 그들에게 설명하셨다. 그들은 아직도 그분이 주님이신지 알지 못했다.

그들이 엠마오에 가까이 왔을 때, 두 사람은 예수님께 자신들과 함께 묵자고 청하였다. 그들이 저녁을 먹으려고 앉아 있을 때, 예수님께서 빵을 들어 감사를 드리신 후 그것을 떼어서 그들에게 주셨다. 그제서야 그들은 주님을 알아보았는데, 그 순간에 주님이 사라지셨다. 그들은 "그가 우리에게 성경을 설명해주실 때, 우리의 마음이 뜨거워지지 않았습니까?" 하고 말하였다.

두 사람은 곧바로 예루살렘으로 돌아가서 열한 제자를 찾았다. 제자들은 "주님께서 살아나셔서 베드로에게 나타나신 것이 사실입니다" 하고 말하고 있었다.

그들도 제자들에게 자신들이 예수님을 보았고, 그분과 함께 음식을 먹었다고 이야기했다. 그들이 무슨 일이 있었는지 설명하려는데, 느닷없이 주님께서 방 안에 나타나셨다. "너희에게 평화가 있으라."

제자들은 그분이 유령이라고 생각했다.

예수님께서 말씀하셨다. "당황하지 말고, 의심하지 말라. 내 손과 발을 보아라. 나를 만져 보아라! 유령은 살과 뼈가 없지만, 너희가 보다시피 나에게는 살과 뼈가 있다!"

그들은 너무 당황한 나머지 아직도 그분이 예수님이시라는 것을 믿지 못하였다.

주님께서 물으셨다. "여기에 먹을 것이 좀 있느냐?"

그들은 주님께 물고기 한 토막을 가져왔고, 그분이 잡수시는 것을 지켜보았다.

도마에게

제자들이 예수님을 보았을 때, 도마는 그들과 함께 있지 않았다. 그래서 그들이 도마에게 주님을 보았다고 하자, 그들의 말을 믿지 않았다. 그는 "내가 그분의 손에 있는 못자국을 보고, 내 손가락을 그 못자국에 넣어 보고, 내 손을 그 옆구리에 넣어 보지 않고서는 믿지 못하겠소!"라고 말하였다.

한 주 뒤에 제자들이 같은 집에서 모였다. 당시 분명 문이 잠겨 있었으나 예수님께서 방 안에 나타나셨다. 주님은 도마에게 이렇게 말씀하셨다. "네 손가락으로 내 손을 만져보고, 네 손을 내 옆구리에 넣어 보아라. 그렇게 해서 의심을 떨쳐버리고 믿음을 가져라!"

도마가 말하였다. "나의 주님, 나의 하나님!"

예수님께서 말씀하셨다. "너는 나를 보았기 때문에 믿는구나. 나를 보지 않고도 믿는 사람은 복이 있다."

갈릴리에서 몇몇 제자들에게

어느 날 저녁, 베드로와 다른 여섯 명의 제자들이 갈릴리로 돌아갔다. 베드로는 "나는 고기를 잡으러 가겠소"라고 말했다. 그러자 다른 제자들도 그와 함께 갔다. 그날 밤새도록 그물을 던졌으나 그들은 한 마리도 잡지 못하였다.

다음날 아침 일찍 예수님께서 해변에 서 계셨지만, 제자들은 그분을 알아보지 못했다. 주님께서 제자들에게 물으셨다. "얘들아, 무얼 좀 잡았느냐?"

"못 잡았습니다." 그들이 대답했다.

예수님께서 말씀하셨다. "그물을 배 오른편에 던져라."

그들이 그렇게 하자 고기가 너무 많이 걸려서 그물을 끌어올릴 수가 없을 지경이었다.

그 순간 주님께서 사랑하시는 제자 요한이 베드로에게 말했다. "주님이시다!"

베드로는 배가 해변에 닿을 때까지 기다릴 수가 없어서 물로 뛰어들어 해변까지 헤엄쳐 갔다.

제자들이 해안에 올라왔을 때, 숯불 위에 물고기가 놓여 있고 빵도 있었다.

"너희가 잡은 물고기를 조금 가져오너라. 아침을 먹자." 예수님께서 말씀하셨다.

그들 중 아무도 그분이 주님이신지 묻지 않았다. 그것이 세 번째로 주님을 보는 것이었기 때문에 제자들은 그분이 주님이신 것을 알았다.

그들이 먹기를 마쳤을 때, 예수님께서 물으셨다. "시몬아, 네가 이 사람들보다 나를 더 사랑하느냐?"

베드로가 말했다. "그렇습니다, 제가 주님을 사랑하는 줄을 주님께서 아십니다."

예수님께서 말씀하셨다. "그러면 내 양 떼를 먹여라." 그리고 두 번째로 물으셨다. "시몬아, 네가 진실로 나를 사랑하느냐?"

"그렇습니다, 주님. 제가 주님을 사랑하는 줄을 주님께서 아십니다." 베드로가 대답했다.

"그러면 내 양 떼를 쳐라." 예수님께서 말씀하셨다. 그리고 세 번째로 물으셨다. "시몬아, 네가 정말로 나를 사랑하느냐?"

베드로가 대답하였다. "주님, 주님께서는 모든 것을 아십니다. 그러므로 제가 주님을 사랑하는 줄을 주님께서 아십니다."

예수님께서 말씀하셨다. "그러면 내 양 떼를 먹여라."

예수님은 또한 베드로에게 그가 순교할 것이라고 말씀하셨다. 그 말을 들은 베드로가 요한을 돌아보며 그는 어떻게 죽을 것인지 예수님께 물었다.

이에 주님께서 말씀하셨다. "내가 올 때까지 그가 살아 있기를 내가 바란다고 한들, 그것이 너와 무슨 상관이 있느냐? 너는 나를 따르라!"

갈릴리에서 열한 제자에게

예수님께서 명령하신 대로 열한 제자가 갈릴리 산으로 갔다. 주님이 나타나시자, 그들은 절을 하였다. 그러나 아직까지 의심하는 사람도 있었다.

예수님은 그들에게 그분의 증인이 되라고 말씀하셨다.

나는 하늘과 땅의 모든 권세를 받았다.

그러므로 너희는 가서 모든 민족을 제자로 삼아서

아버지와 아들과 성령의 이름으로 세례를 주고,

내가 너희에게 명령한 모든 것을 그들에게 가르쳐 지키게 하여라.

보라, 내가 세상 끝 날까지 너희와 항상 함께 있을 것이다(마 28:18-20).

예루살렘에서 제자들에게

예수님께서 예루살렘에서 열한 명의 제자들을 만나셨을 때, 주님은 자신의 죽음과 부활이 성경에 따른 것이라고 말씀하셨다. "모세의 율법과 예언서에 메시아가 고난을 받고 죽을 것이지만, 사흘째 되는 날에 죽은 자들 가운데서 살아나실 것이라고 기록되어 있다." 주님은 그들이 이제 그분의 부활의 증인이 되었으며, 모든 민족에게 회개와 죄사함을 전파해야 할 사명을 받았다고 말씀하셨다.

주님이 죽은 자들 가운데서 살아나셨다는 것에 대한 모든 의심을 제거하시기 위해, 예수님은 제자들과 40일을 함께 보내시고 하늘로 올라가셨다. 이 기간 동안 주님은 계속해서 그들에게 자신이 살아 계시다는 증거를 보여주셨고, 그들에게 능력을 주시기 위해 성령을 보내시겠다고 약속하셨다.

40일 후, 주님은 그들이 지켜보는 가운데 아버지께로 가셨다.

요약

예수님이 죽으신 후 산헤드린 공회의 의원이었던 아리마대 요셉이 빌라도를 찾아가 예수님을 자신의 묘지에 묻게 해달라고 요청했다. 빌라도는 누군가 그분의 시신을 훔쳐갈 경우에 대비해서 무덤을 봉인하고 경비병을 세웠다.

일요일 아침 일찍, 몇 명의 여자들이 무덤으로 가서 예수님이 계시지 않은 것을 발견하였다. 여자들은 제자들에게 예수님이 살아나셨다고 말했지만, 그들은 믿지 않았다.

몇 주 동안, 예수님은 여자들과 제자들에게 나타나셨다. 이 기간 중 베드로와 몇몇 제자들이 고기를 잡으러 갔는데, 주님께서 나타나셔서 그들이 마지막으로 그물 가득 물고기를 잡게 해주셨다. 주님은 베드로에게 다른 사람들을 섬기라고 말씀하시고, 그가 어떻게 죽을 것인지 예언하셨다.

예수님은 40일 동안 수백 명의 사람들에게 나타나셨고, 제자들이 보는 중에 아버지께로 가셨다.

7

CHAPTER

초대 교회 이야기

주요 등장인물

예수님 | 베드로 | 사도들 | 스데반 | 빌립 | 고넬료(로마 백부장) | 바울

바나바 | 루디아(여성 사업가), 여종, 간수(빌립보의 회심자) | 누가

벨릭스(로마 총독) | 베스도(로마 총독)

배경

예루살렘 | 유대 | 사마리아 | 가사로 가는 길 | 다마스쿠스로 가는 길

가이사랴(로마의 지방 수도)

안디옥(첫 이방인 교회이며 전도 여행을 위한 파송 교회가 있던 곳)

첫 번째 전도 여행 도시와 장소들 | 두 번째 전도 여행 도시와 장소들

세 번째 전도 여행 도시와 장소들 | 로마로 가는 여정 중의 도시와 장소들

성령의 선물 사도행전 1–2장

부활 이후 40일 동안, 예수님은 그분을 따르던 자들에게 여러 번 나타나셔서 하나님 나라에 대해 가르치셨다. 주님은 또한 그들에게 예루살렘을 떠나지 말고, 하나님이 약속하신 성령을 기다리라고 명하셨다.

사도들이 물었다. "주님, 주님께서 이스라엘에게 나라를 되찾아주실 때가 바로 지금입니까?"

예수님은 그들에게 아버지가 언제 이스라엘을 회복시키실지에 대해 조급해하지 말라고 말씀하셨다. "너희는 모든 민족에게 가서 나에 대해 전하여라. 예루살렘과 유대와 사마리아와 땅 끝까지 가서 나의 증인이 되어라."

그들에게 사명을 주신 후, 예수님은 하늘로 올라가셨다. 사도들은 두 천사가 나타날 때까지 하늘을 바라보고 있었다. 천사들은 그들에게 예수님께서 떠나가실 때와 동일하게 다시 오실 것이라고 하였다.

예수님이 승천하신 후, 그분을 따르던 자들이 모여 한 마음과 한 목적으로 기도했다. 베드로는 120명쯤 되는 초기 신자들의 지도자가 되었다. 그는 유다의 배신과 그리스도의 체포를 둘러싼 비극적 사건들이 결국 말씀의 성취였음을 인정하는 짧은 연설을 하였다.

이어서 베드로는 예수님을 배신한 뒤 스스로 목숨을 끊은 유다를 대체할 사람을 뽑자고 하였다. 후보에는 요셉과 맛디아, 두 명이 선정되었다. 사도들은 하나님께 그분의 뜻을 보여주시기를 간구했다. 그리고 구약의 전통적인 방법대로 제비를 뽑았는데, 맛디아가 새로운 제자로 뽑혔다.

예수님께서 승천하시고 며칠이 지나서 사도들은 오순절을 기념하기 위해 모였다. 그때 갑자기 강한 바람이 그들이 모여 있는 방으로 불어 왔고, 신자들 각 사람의 머리 위에 불길이 내려앉았다. 그들은 모두 성령으로 충만하여 각기 방언으로 말하기 시작했다. 그들이 전혀 배운 적 없는 말을 한 것이다.

이 특별한 현상은 온 예루살렘 사람들의 관심을 집중시켰다. 이들은 명절을 지키기 위해 세계 각국에서 온 사람들이었는데, 주님의 제자들이 그들이 살고 있는 지방의 말로 말하는 것을 들었다. 일부 사람들은 제자들이 술에 취했다고 생각하였다.

베드로는 모여 있는 군중들에게 그들이 받은 성령의 선물이 요엘 선지자의 예언을 성취한 것임을 설명하였다. 또한, 십자가의 처형과 부활, 그리고 예수님이 하늘로 올라가신 것이 그가 주님이시며 그리스도시라는 증거라고 이야기하였다. 결론적으로 그는 군중들에게 구원을 받기 위해 무엇을 해야 하는지 설명하였다.

베드로의 말을 듣던 청중들은 충격을 받았다. 그들은 그가 말한 것이 진실임을 깨달았을 뿐만 아니라, 자기들의 죄를 깨달았다. 그날 3천 명이 믿고 세례를 받았다. 그들은 그리스도를 믿는 믿음과 서로를 향한 욕심 없는 사랑과 복음을 선포하려는 결의로 함께 묶여서 하나의 공동체를 이루었다.

하루는 베드로와 요한이 성전으로 가다가 날 때부터 걷지 못하는 사람을 만났다. 그는 장애 때문에 성전으로 들어가는 것이 허용되지 않아 성전 문에 앉아 구걸을 하고 있었다.

그 사람은 평소 하던 대로 베드로에게 돈을 달라고 하였다. 이에 베드로는 "은과 금은 내게 없으나, 내게 있는 것을 그대에게 주노니 나사렛 예수의 이름으로 걸으시오"라고 말하였다.

그러자 그 사람이 즉시 일어나 걷고 뛰기도 하며 하나님을 찬양하였다. 이 일로 엄청난 무리의 유대인들이 모여들었다. 베드로는 그 순간을 기회로 삼아 무리들에게 그리스도에 대해 이야기하였다. 베드로는 그 사람을 치유한 공로를 자신이 취하지 않고, 예수님께 모든 공로를 올려드렸다.

베드로와 요한이 말씀을 전하던 중 종교 지도자들이 와서 그들을 체포하였다. 그들이 부활에 대해 가르쳤기 때문이다. 그들은 베드로와 요한을 감옥에 가두었지만, 그들의 증거는 효과가 있었다. 이제 믿는 사람이 5천 명이나 되었다.

다음날 베드로와 요한은 산헤드린의 심문을 받았다. 그들은 그 사람이 치유된 것을 부정하지는 않았지만, 누구의 권세로 이런 일이 일어났는지 물었다.

베드로는 그 사람이 예수 그리스도, 죽은 자가 아니라 살아 계신 예수님의 이름으로 병 고침을 받았다고 하였다. 베드로와 요한은 어부에 불과했지만, 성령으로 충만하여 그 나라에서 가장 권세 있는 종교 지도자들의 위협에도 굴하지 않았다. 베드로는 예수님이 하나님의 구원 계획을 완성하신 유일하고 최종적인 분이라고 주장하며 산헤드린의 고소에 답하였다.

산헤드린은 제대로 배우지도 못한 이 두 사람의 용기 있는 도전에 깜짝 놀랐다. 그들이 예수님의 추종자들인 것은 분명했다.

산헤드린은 걷지 못하던 사람이 예수님의 이름으로 치유된 것을 부정할 수 없었기 때문에 결국 베드로와 요한을 풀어주었다. 대신 그들에게 더 이상 예수님에 대해 전하지 말라고 하였다. 사람들은 그 기적적인 치유로 인해 하나님을 찬양하였다.

베드로와 요한이 풀려나자, 신자들은 함께 모여 기도하였다. 하나님은 그들의 기도에 응답하셔서 다시금 성령으로 충만하게 하셨고, 그들은 계속해서 담대하게 복음을 선포하였다.

내부의 문제와 외부의 위협 사도행전 3-6장

초대 교회의 신자들은 담대했을 뿐만 아니라 자비로웠다. 그들은 자신들이 가진 것을 서로 나누었다. 그 중 바나바는 자신의 땅을 팔아 그 돈을 필요한 사람들에게 나누어 주도록 사도들에게 가져다주었다.

바나바가 보인 모범에 마음이 움직인 아나니아와 삽비라도 그들의 재산을 팔았다. 그런데 아나니아는 약속한 대로 그 돈을 모두 교회에 내지 않고, 그 중 얼마를 따로 떼어놓았다. 이 사실은 그의 아내 삽비라도 알고 있었다.

아나니아가 땅을 판 돈의 일부를 가져오자 베드로는 아나니아에게 하나님과 성령을 속이지 말라고 꾸짖었다. 그 말을 들은 아나니아는 맥없이 쓰러져 죽었다.

잠시 후 삽비라가 찾아왔는데, 그녀는 남편의 죽음을 알지 못한 상태였다. 베드로는 그녀에게 그들이 드린 돈이 전에 약속하였던 것이 맞는지 물었다. 남편과 마찬가지로 삽비라도 거짓말을 했고, 이에 베드로가 꾸짖자 그녀 역시 바로 죽었다. 교회를 비롯하여 이 일을 듣는 자들이 모두 두려워하였다.

점점 더 많은 기적이 일어났고, 교회는 계속해서 성장했다. 이에 대제사장과 사두개파 사람들이 시기하여 사도들을 전부 체포하라고 명령하였다. 그러나 그날 밤, 주님의 천사가 그들을 모두 풀어주었다. 그리고 그들에게 이 생명의 말씀을 계속해서 전파하라고 하였다. 이에 순종하여 사도들은 성전으로 돌아가 아침 기도를 위해 그곳에 온 사람들에게 계속해서 말씀을 전하였다.

아침이 되어 재판을 위해 모인 산헤드린은 사도들이 감옥에 없다는 경비원들의 보고를 듣고 충격을 받았다. 그들은 경비원들에게 다시 그들을 잡아오라고 하였다.

대제사장은 재판정에서 사도들에게 그리스도에 대해 전파하지 말라고 말했던 것을 상기시켰다. 그럼에도 불구하고, 사도들은 사람이 아니라 하나님께 순종하겠다고 항변하였다. 이 일로 산헤드린은 곤경에 빠졌다.

당시 가장 존경받던 바리새파 지도자 중 하나였던 가말리엘이 일어나 말하였다. 그는 산헤드린이 그들의 뜻을 억지로 관철시켰으나 그것이 하나님의 뜻에 반하는 것일 경우를 경계하였다. 가말리엘은 로마에 대항했던 두 번의 반란이 결국은 자멸하고 말았던 사실을 언급하며, 예수님을 따르는 이 분파 역시 하나님에게서 난 것이 아니라면 결국 자멸할 것이라고 하였다. 산헤드린은 사도들을 막대기(유대인들이 징계에 사용하던 도구)로 때리라고 명하고, 다시 한 번 그들에게 예수의 이름으로 말하는 것을 금한 후에 놓아주었다.

어느 날 헬라파(그리스) 유대인들이 자기들의 과부들이 날마다 구호 음식을 나누어 받는 일에 소홀히 여김을 받는다고 불평하였다. 이 일로 교회는 갈등에 휩싸였다.

열두 사도들은 자신들이 구제하는 일에 관심을 집중하게 되면, 그들의 본래 사역인 기도와 말씀을 가르치는 일에 소홀해질 수 있다고 판단하였다. 그래서 교회 안에서 평판이 좋은 일곱 사람을 뽑아 그들에게 구제하는 일을 감독하게 하자고 권하였다. 이들은 헬라파 유대인들로, 스데반과 빌립도 속해 있었다.

스데반 사도행전 6-8장

종교 지도자들의 극심한 반대에도 신자들이 하나님께 온전히 순종하였기 때문에, 결국 첫 희생자가 나오게 되었다. 스데반은 은혜와 능력이 충만하여 많은 기적을 행하였다. 자유인의 회당은 이전에 다른 나라 출신의 종이었던 사람들로 구성된 회당이었는데, 그 가운데 몇 사람이 스데반의 사역을 불쾌하게 생각했다. 그들은 동조자들을 선동하여 스데반이 모세와 하나님을 모독하는 말을 했다고 거짓으로 비방하게 하였다. 이 일로 스데반은 산헤드린 앞으로 끌려왔다.

공회가 스데반을 지켜보는데, 그의 얼굴은 마치 천사의 얼굴과 같았다. 스데반은 공회 앞에서 아브라함부터 그리스도까지 유대인의 역사에 대해 말했다. 그는 이스라엘의 반역의 역사를 열거한 후, 그들이 약속된 분이신 예수님을 배반하고 죽인 것을 책망하였다.

스데반의 말을 들은 산헤드린은 마음에 찔려 그를 향하여 이를 갈았다. 스데반은 성령이 충만하여 하늘을 우러러 하나님의 영광과 예수님께서 하나님 우편에 서신 것을 보고 이렇게 말하였다. "보십시오, 하나님의 오른쪽에 인자가 서 계신 것이 보입니다." 이 말에 군중들은 성난 폭도처럼 소리를 지르며 스데반에게 달려들어 그를 도성 밖으로 끌어낸 후 그에게 돌을 던졌다. 그들은 사울이라는 청년에게 겉옷을 맡겼다.

스데반은 아무런 저항도 하지 않고 자신의 영혼을 주님께 맡기며 무릎을 꿇고 기도하였다. "주님, 이 죄를 저 사람들에게 돌리지 마옵소서."

스데반은 교회의 첫 순교자였다. 경건한 사람들이 그의 시신을 장사하여 경의를 표하였다.

빌립 사도행전 9장

신자들에 대한 적의가 폭발하자 그리스도인들은 안전을 위해 먼 지역으로 흩어지게 되었다. 사도들을 제외한 모든 사람들이 예루살렘을 떠났다. 빌립은 사마리아로 가서 그리스도를 전하고, 귀신을 쫓고 병자를 고치는 등 여러 기적을 행하였다. 이 일로 그곳에 큰 기쁨이 있었다.

그 성에는 마술을 부려서 영향력을 행사하는 시몬이라는 사람이 있었는데, 사마리아 사람들은 그를 하나님의 능력의 통로로 여겼다. 빌립의 전파를 들은 사마리아 사람들이 믿고 세례를 받던 중 시몬도 그리스도를 믿고 세례를 받았다. 빌립이 행하는 표적과 큰 능력에 놀란 그는 어느 곳이나 빌립을 따라다녔다.

사마리아 사람들이 하나님의 말씀을 받아들였다는 소식을 들은 예루살렘 교회는 베드로와 요한을 사마리아에 보냈다. 그곳에 도착한 베드로와 요한은 사마리아 사람들이 그리스도를 믿기는 하지만, 아직 성령을 받지 않았다는 것을 알게 되었다. 두 사람이 안수하자 이 새로운 회심자들도 성령을 받았다. 이것을 보고 호기심이 생긴 시몬은 돈을 주고 성령을 사려고 하였다. 베드로는 그를 엄중히 꾸짖고, 성령은 돈을 주고 사는 것이 아니라고 하였다. 또한 그의 탐심의 결과를 경고하며 회개를 촉구했다.

어느 날 주님의 천사가 나타나 빌립에게 예루살렘 남쪽 가사로 가라고 하였다. 그곳에서 빌립은 에티오피아 여왕 간다게의 고관이었던 내시를 만났다. 그는 선지자 이사야의 글을 읽고 있었는데, 성령께서 빌립에게 마차에 타고 있는 내시에게 가까이 가라고 명령하셨다. 빌립은 예수님이 십자가에서 고난을 당하실 것을 예언한 말씀을 읽으며 그것이 누구에 대한 예언인지 궁금해하던 내시에게 복음을 전하였다.

그들이 물이 있는 곳에 이르자, 내시는 자신이 세례를 받을 수 있는지 물었다. 빌립은 마차를 멈추고 물에 들어가 그에게 예수님의 이름으로 세례를 주었다. 그 즉시 주님의 성령이 빌립을 낚아채서 아소도로 데려갔다. 빌립은 아소도(예루살렘에서 서쪽으로 56킬로미터 가량 떨어진 곳)에서 가이사랴까지 복음을 전하였다.

바울 사도행전 9장

사울(바울)은 산헤드린 사람들이 스데반을 돌로 칠 때 그들의 겉옷을 맡아주었던 사람이었다. 그리스도인들을 미워하였던 그는 그들을 파멸시키는 일에 헌신하였다. 사울은 산헤드린으로부터 다마스쿠스에 살고 있는 신자들을 잡아서 벌할 수 있는 권한을 받아 그곳으로 가고 있었다.

그러나 하나님께서는 전혀 다른 계획을 가지고 계셨다. 다마스쿠스로 향하던 사울은 갑자기 햇빛보다 더 밝은 빛에 둘러싸여 땅에 엎어졌다. 앞을 못 보게 된 사울은 "왜 나를 핍박하느냐?"고 물으시는 음성을 들었다.

사울이 대답했다. "누구십니까?"

"나는 네가 핍박하는 예수다. 네가 해야 할 일을 지시해줄 사람이 있으니 다마스쿠스 시내로 가거라."

사울과 동행하던 사람들도 그 음성을 들었지만 이해하지는 못했다. 그들은 사울을 호위하여 다마스쿠스로 갔다. 그는 3일 동안 앞을 보지 못하는 상태에서 금식하였다.

다마스쿠스에는 아나니아라고 하는 예수님의 제자가 있었다. 주님께서는 환상 중에 그에게 '곧은 길'이라는 거리에 있는 한 집으로 가서 사울을 찾으라고 말씀하셨다. 그리고 그가 지금 기도하고 있으며, 아나니아의 기도로 그의 시력이 회복될 것이라고 하셨다.

주님의 말씀을 들은 아나니아는 매우 당황하였다. 왜냐하면 사울이 어떤 자인지 알고 있었기 때문이다. "주님, 그는 주님의 백성들을 박해하는 사람입니다!"

주님께서는 아나니아에게 사울이 이제 다른 사람이 되었다고 안심시키시며, 그가 이방 선교를 위해 부름 받은 자라고 말씀하셨다. 아나니아는 말씀에 순종하여 사울을 찾아갔다. 그가 안수하자 사울의 시력이 회복되었고, 성령을 받았다. 사울은 세례를 받고 음식을 먹은 후 기운을 회복하였다.

그때부터 사울은 예수님이 하나님의 아들이라는 말씀을 선포하기 시작했다. 사울이 얼마나 맹렬하게 그리스도인들을 박해하였는지 알고 있는 사람들은 이제 그가 예수님을 이스라엘의 메시아라고 주장하는 것에 놀라고 당황하였다.

사울의 주장을 반박할 수 없었던 유대인들은 그를 죽이기로 모의하였다. 이 소식을 알게 된 사울은 그 성을 빠져나가기로 했다. 이에 사람들이 그를 광주리에 담아 성 바깥으로 달아 내렸다.

사울은 예루살렘으로 돌아왔다. 그러나, 바나바가 그의 회심을 확인해줄 때까지 교회는 그를 두려워하여 받아들이기를 거부했다. 어떻게 보면 이것은 당연한 일이었다. 사울은 다마스쿠스에서처럼 이번에도 예수님의 이름을 담대히 선포하였고, 다시 한 번 반대에 직면했다. 예루살렘의 신자들은 사울의 생명이 위험하다는 것을 알고, 그를 다소로 보냈다. 그는 시리아에 있는 안디옥에서 사역하게 될 때까지 그곳에 머물렀다.

그 사이 교회는 계속해서 성장하였다. 교회는 박해가 아닌 하나님을 두려워하면서 살아가는 삶으로부터 오는 평화와 힘을 경험하였다.

베드로와 이방인 사도행전 10-12장

베드로가 룻다 성을 방문하였을 때, 애니아라는 중풍병자를 고쳐주었다. 그 일로 그 지역에 사는 많은 사람들이 예수님을 믿게 되었다. 베드로는 이어서 욥바라는 이웃 마을로 갔다.

욥바에 사는 예수님의 제자 도르가는 가난하고 궁핍한 사람들을 돕는 것으로 유명하였는데, 어느 날 병이 들어 죽었다. 때마침 베드로가 가까이에 있다는 소식을 들은 제자들이 그에게 도움을 청하였다. 베드로는 도르가의 시신이 있는 곳을 찾아가 그리스도의 이름으로 그녀를 죽은 자들 가운데서 일으켰다. 또다시 이 소식이 널리 퍼져나갔고, 많은 사람들이 주님을 믿었다.

욥바에 있는 동안, 베드로는 무두장이 일을 하는 시몬의 집에 머물렀다. 한편, 로마의 백부장 고넬료는 근처 가이사랴에 주둔하고 있었다. 이방인으로서 하나님을 경외하였던 그는 유대 사람들을 많이 구제하고 하나님께 항상 기도하였다.

어느 날 오후 기도 시간에 주님께서 천사를 보내셔서 고넬료에게 베드로를 불러 오라고 지시하셨다. 그는 천사의 지시에 순종하여 하인 두 사람을 베드로가 머물고 있는 욥바로 보냈다.

다음날 베드로도 정오 기도 시간에 환상을 보았다. 황홀경에 빠진 베드로는 하늘에서 온갖 짐승들로 가득한 큰 보자기 같은 그릇이 내려오는 것을 보았다. 그와 동시에 “베드로야, 일어나서 잡아먹어라”라는 음성을 들었다.

그 짐승 중 일부는 깨끗했지만, 다른 것들은 모세의 율법에 기록된 규정에 따르면 부정한 것이었다. 베드로는 속되고 깨끗하지 않은 것을 먹을 수 없다며 저항하였다. 그러나 하나님은 그에게 하나님만이 무엇이 깨끗하고 부정한지 결정하실 수 있다고 말씀하셨다. 베드로가 잘못 이해한 것이 아니라는 확신을 주시기 위해 동일한 명령이 세 번 반복되었다.

베드로가 환상에 대해 생각하고 있을 때, 성령께서 두 사람이 그를 찾아왔으니 내려가 의심하지 말고 그들과 함께 가라고 하셨다. 베드로는 두 사람과 하룻밤을 묵은 후 고넬료의 집으로 갔다.

고넬료는 베드로에게 절을 하여 경의를 표했다. 베드로는 유대인들이 보통은 이방인들과 교제를 나누지 않지만, 하나님이 그에게 어떤 사람이든 부정하다고 여기지 말아야 함을 보여주셨다고 하였다. 베드로는 자신이 본 환상을 설명하였고, 고넬료도 천사를 만난 이야기를 하였다. 그들의 만남이 하나님의 계획이라는 것을 확신한 고넬료는 가족들을 모아서 베드로의 말을 함께 들었다.

베드로가 그들에게 복음을 전하자 성령께서 그 말을 듣는 이들에게 내리셨고, 그들이 방언으로 말하며 하나님을 찬양하였다. 베드로는 즉시 그들에게 예수 그리스도의 이름으로 세례를 주었다.

고넬료와 그의 집안이 회심했다는 소식이 예루살렘 교회에 전해졌다. 베드로가 예루살렘에 가자 율법을 중시하는 사람들은 그가 이방인들과 교제하였다고 비난하였다. 베드로는 그들에게 자기가 본 환상과 이방인들이 예수님을 믿을 때에 어떤 일이 일어났는지 말해주었다. 그들은 베드로의 설명을 들은 후 이방인에게도 생명을 얻는 회개를 허락하신 하나님께 영광을 돌렸다.

예루살렘 교회가 고넬료의 회심을 인정하고 나자, 교회는 이방인 전도에 눈을 뜨게 되었다. 스데반의 죽음 이후 박해 때문에 흩어졌던 많은 신자들은 주로 유대인들에게 전도하였고, 어떤 사람들은 인종적 장벽을 넘어서 전도하기도 하였다. 그들은 그리스 사람들에게 복음을 전하여 안디옥에 교회를 세웠다.

예루살렘 교회는 바나바를 안디옥으로 보내 새로운 교회를 살펴보게 하였다. 바나바는 새로운 회심자들에게 전심으로 주님께 헌신하라고 도전하였다.

안디옥 교회가 폭발적으로 성장하자 바나바에게는 동역자가 필요하게 되었다. 그는 다소로 가서 바울을 데려왔다. 두 사람은 1년 동안 안디옥에서 함께 가르쳤고, 교회는 계속해서 성장하였다. 그곳에서 신자들이 처음으로 그리스도인이라 불렸다.

종종 선지자들이 안디옥으로 와서 하나님의 말씀을 선포하고 해석하였다. 그 중 아가보라는 사람이 심각한 기근을 예언하였는데, 글라우디오가 다스리던 해에 큰 흉년이 들었다. 이에 교회는 구제금을 모아 바나바와 바울을 통해 예루살렘 교회에 전하였다.

당시 예루살렘 교회는 험악한 위협에 직면하였다. 헤롯 아그립바(로마 치하의 지방 총독)는 요한의 형제 야고보를 체포하여 처형하였다. 야고보를 죽인 일을 유대 사람들이 반기자 헤롯은 베드로도 체포하였다. 그는 옥에 갇혀 유월절 후에 처형될 예정이었다.

교회는 옥에 갇힌 베드로를 위해 간절히 기도했다. 처형을 앞둔 날 밤, 옥중에 천사가 나타나 잠든 베드로를 깨웠다. 그와 동시에 그를 묶고 있던 사슬이 손에서 풀어졌다. 천사가 그를 호위하여 경비병을 지나자 잠긴 문들이 저절로 열려 바깥으로 나왔다. 베드로는 처음에는 환상을 보고 있다고 생각했으나, 거리로 나왔을 때 자신이 실제로 구조되었다는 것을 깨달았다.

베드로는 바로 신자들이 기도하고 있는 집으로 갔다. 그가 문을 두드리자, 로데라는 여자가 맞으러 나왔다. 그녀는 베드로의 음성을 듣고 반가운 나머지 문도 열어주지 않은 채 다시 안으로 들어가 베드로가 문 앞에 와 있다고 전했다. 그러나 사람들은 그녀의 말을 믿지 않았다. 베드로가 계속 문을 두드리자 사람들이 모두 나와서 그를 보고는 깜짝 놀랐다. 베드로는 주님께서 자신을 어떻게 구해내셨는지 설명한 후, 그가 풀려났다는 소식을 야고보(예수님의 형제)에게 알리라고 하였다. 그리고 베드로는 예루살렘을 떠났다.

베드로의 탈출은 경비병들에게는 불가사의한 일이었다. 이 일로 화가 난 헤롯은 그들을 심문하고 처형하였다.

얼마 후, 두로와 시돈 사람들의 방문을 받은 헤롯이 왕복을 차려입고 단상에 앉아 연설을 하였다. 그것을 들은 사람들이 그를 신으로 칭송하자 헤롯은 그 영광을 자기의 것으로 취하였다. 이 일로 주님께서 심판하셔서 헤롯은 고통스러운 질병으로 죽었다.

첫 번째 전도 여행 사도행전 13–14장

위협적이던 헤롯이 사라지자 교회는 자유롭게 전도할 수 있게 되었다. 안디옥에 있던 이방 교회는 성령의 지도 아래 사울과 바나바를 파송하였다. 그들은 배를 타고 바나바의 고향인 키프로스로 갔다.

키프로스에 도착한 그들은 섬을 가로질러 바보로 갔다. 그 섬의 총독, 서기오 바울은 하나님의 말씀을 듣고자 하여 바울과 바나바를 불렀다. 그러나 엘루마라고 하는 마술사가 총독이 복음을 믿지 못하도록 방해하였다. 이에 바울이 엘루마에게 눈이 멀 것이라고 선포하자 실제로 그의 눈이 멀어 앞을 보지 못하게 되었다. 그것을 본 서기오 바울은 주님을 믿게 되었다.

그들은 다시 배를 타고 항구 마을인 버가로 갔다. 그때 동행했던 마가 요한이 예루살렘으로 돌아갔다. 바울과 바나바는 북쪽으로 더 나아가 비시디아 안디옥까지 갔다. 그들은 회당으로 가서 율법서와 예언서를 읽은 후, 이스라엘에 주신 하나님의 약속들이 그리스도 안에서 어떻게 성취되었는지를 설명하였다. 그분은 죽음에 처해졌으나 죽은 자들 가운데서 살아나셨다.

말씀을 들은 사람들 중 일부는 다음 안식일에도 다시 말씀을 전해 달라고 간청하였다. 많은 유대 사람들과 유대교로 회심한 사람들까지 바울과 바나바의 추종자가 되었다. 그들은 사람들에게 언제나 하나님의 은혜 안에 머물고, 율법에 따라 사는 삶으로 돌아가지 말라고 권하였다.

다음 안식일에 바울이 하나님의 말씀을 전하였을 때, 많은 청중들이 호의적인 반응을 보였다. 이것을 보고 시기심에 사로잡힌 유대 사람들이 바울을 비방하였다. 반대로 이방인들은 그 말씀을 기뻐하였고,

많은 사람들이 구원을 얻었다.

이러한 반응은 더 큰 반대를 불러일으켰다. 유대 사람들은 그 성의 지도자들을 선동하여 바울과 바나바를 박해하게 하였다. 이 일로 바울과 바나바는 발의 먼지를 떨어버리고 남동쪽으로 145킬로미터 정도 떨어진 이고니온으로 갔다.

이고니온에서도 유대인들이 적개심을 드러냈다. 바울과 바나바가 회당에서 가르칠 때, 많은 유대 사람들과 그리스 사람들이 믿었다. 그러나 믿지 않는 유대 사람들은 이방인들을 선동하여 바울과 바나바에게 적개심을 품게 하였다. 그들이 표징과 놀라운 일들을 행하여 자신들이 전하는 메시지를 입증하였음에도 불구하고, 사람들은 여전히 다양한 반응을 보였다. 어떤 사람들은 비방하는 자들을 믿었고, 다른 사람들은 사도들 편에 섰다.

바울과 바나바는 루스드라로 피하였다. 거기에는 날 때부터 걷지 못하는 사람이 있었는데, 그는 바울의 말을 집중해서 들었다. 그에게 구원받을 만한 믿음이 있는 것을 본 바울은 큰 소리로 "일어서시오!"라고 말하였다. 그러자 그가 벌떡 일어나 걷기 시작했다. 그 광경을 본 이방인들은 바나바와 바울이 제우스와 헤르메스 신이라고 칭송하며 그들에게 제사를 드리려고 하였다.

바나바와 바울은 강하게 만류하며 하나님에 대해 증거하였다. 그는 살아 계신 하나님, 곧 하늘과 땅의 창조자께서 모든 사람들을 섭리적으로 돌보시는 가운데 자신을 계시하셨다고 말하고, 그들에게 회개하고 하나님께로 돌아오라고 하였다.

그럼에도 불구하고 루가오니아 사람들은 여전히 그들을 신으로 섬기려고 하였다. 그때 몇몇 유대인들이 바울은 죽어 마땅하다고 사람들을 설득하여 바울을 돌로 쳤다. 너무 심하게 맞아 바울이 의식을 잃자 사람들은 그가 죽었다고 생각하여 성 밖으로 끌어냈다. 그러나 바울은 일어나서 다시 성 안으로 들어갔다.

다음날 바울과 바나바는 더베 성으로 가서 그리스도의 복음을 전파하였다. 그들은 또한 이전에 방문하였던 곳들로 되돌아가 그곳에 있는 제자들을 만나 믿음을 지키라고 격려하였다. 그들은 버가에서 설교한 후 배를 타고 안디옥으로 향하였다. 안디옥으로 돌아온 그들은 어떻게 하나님이 이방 사람들에게 믿음의 문을 열어주셨는지 교회에 보고하였다.

예루살렘 공회 사도행전 15장

첫 번째 전도 여행 결과, 이방인들의 회심이 몇몇 유대 전통주의자들에게 경계심을 불러일으켰다. 그들은 할례를 받지 않으면 구원을 받을 수 없다고 주장하였다. 그 문제는 이방인들을 교회에 참여시킬 것이냐에 관한 문제가 아니라, 교회에 포함시킬 때 무엇을 요구할 것이냐에 대한 것이었다.

이 전통주의자들은 안디옥으로 와서 구원을 받으려면 할례를 받아야 한다고 가르쳤다. 바울과 바나바는 이것이 하나님의 은혜에 위협이 된다고 보았고, 그것은 올바른 견해였다. 그들과의 뜨거운 논쟁 끝에, 바울과 바나바는 예루살렘으로 가서 교회에 그 문제를 해결해줄 것을 요청하였다.

베드로는 문제의 핵심을 분명히 하면서, 유대 사람이나 이방인이나 율법의 일들이 아니라 하나님의 은혜로 구원 받은 것을 강조하였다. 또한 바나바와 바울도 이방인들에 대한 그들의 사역을 보고하며, 하나님께서 이 사역을 기적적인 표징과 놀라운 일들로 입증해주셨다고 하였다.

예루살렘 교회의 지도자였던 야고보는 유대주의자들의 견해를 부정하고 이방인들에게 유대인의 법을 강요하지 말 것을 예루살렘 의회에 권하였다. 다만 이방인들에게 편지를 보내서 우상에게 바친 제물을 먹는 것이나 음행이나 목매어 죽인 것과 피가 많이 남아 있는 고기를 먹는 것 등, 유대인들에게 특별히 불쾌감을 일으키는 행습들은 자제해줄 것을 부탁하도록 권하였다.

바울과 바나바와 유다와 실라(예루살렘 교회에서 존경 받는 두 사람)가 안디옥 교회에 편지를 전해주었고, 그들은 그 권면을 기쁘게 받아들였다. 분열을 일으킬 뻔했던 율법 문제가 공식적으로 해결됨으로 교회의 연합이 지켜졌다.

유다와 실라는 믿음을 굳건히 하는 말씀으로 이방인 교회를 섬긴 후 예루살렘으로 돌아갔고, 바울과 바나바는 안디옥에 남아서 주님의 말씀을 가르쳤다.

두 번째 전도 여행 사도행전 15-18장

오래지 않아, 바울과 바나바는 첫 번째 전도 여행을 통해 세워진 교회들을 다시 방문하기로 하였다. 그러나 그들은 마가 요한을 데리고 가느냐 마느냐의 문제로 의견을 달리했다. 바나바는 그를 데리고 가기 원했지만, 바울은 거절하였다. 두 사람 모두 자신의 입장을 완강히 주장하여 결국 바울과 바나바는 갈라지게 되었다.

바울은 실라를 데리고 더베와 루스드라로 갔는데, 그곳에는 디모데라는 제자가 살고 있었다. 디모데의 어머니가 유대 사람이었기 때문에, 유대 사람들은 그가 율법을 따르기를 기대했다. 이에 바울은 디모데에게 할례를 권하였다. 그것은 예루살렘 의회의 결정을 양보한 것이 아니라 유대 사람들의 기분을 상하지 않게 하기 위한 조치였다.

드로아

바울은 더베와 루스드라에 있는 신자들에게 예루살렘 의회의 결정을 알려줌으로써 그 교회들을 격려하였다. 그는 첫 번째 전도 여행 때 브루기아와 갈라디아 지방에 개척한 교회들을 재방문한 후, 아시아(아마도 에베소)에서 사역하려던 참이었다. 하지만 성령께서 바울과 그의 동료들이 아시아로 들어가는 것을 막으셨다.

안디옥으로 돌아가는 대신, 바울은 북쪽으로 방향을 틀었다. 이때 예수의 영이 그가 비두니아로 들어가는 것을 허락하지 않으셨다. 그는 서쪽으로 방향을 돌려서 무시아를 거쳐 드로아에 이르렀다(드로아는 소아시아 북서쪽 해안에 있는 해변 도시로 지금은 터키에 속한다). 밤에 바울이 환상을 보았는데, 마케도니아 사람이 바울에게 마케도니아로 와서 자신들을 도와달라고 간청하였다.

빌립보

바울 일행은 드로아에서 배를 타고 사모드라 섬으로 이동한 후, 거기서 다시 네압볼리(빌립보에서 16킬로미터 떨어진 항구)로 갔다. 빌립보는 마케도니아 지방의 중심 도시였다.

안식일에 그들은 기도하는 처소로 갔다. 그곳에서 바울이 모여 있는 여자들에게 말할 때, 주님께서 루디아라는 여자의 마음을 열어주셔서 복음에 반응하게 하셨다. 루디아는 두아디라 출신으로 자색 옷감을 파는 사업가였는데, 그녀와 그녀의 가족들 모두 복음을 받아들였다. 그녀가 강권하여 바울 일행은 루디아의 집에 묵게 되었다.

그 지역에 귀신 들려 점을 치는 한 여종이 있었는데, 바울과 그 동료들을 따라다니면서 그들이 지극히 높으신 하나님의 종이라고 외쳤다. 그녀가 계속해서 이렇게 하자 바울은 예수님의 이름으로 여자를 귀신에게서 해방시켜 주었다.

여종의 주인들은 그녀의 회심이 달갑지 않았다. 왜냐하면 그동안 여종이 점을 쳐서 얻었던 수입이 끊어졌기 때문이다. 앙심을 품은 그들은 바울과 실라가 소란을 일으킨다는 명목으로 고소하였다.

치안관들은 재판도 하지 않고 바울과 실라를 때리고 옥에 가두었다. 옥에 갇힌 바울과 실라는 한밤중에 기도하며 하나님을 찬양하였다. 그때 갑자기 지진이 일어나 옥문이 열리고 죄수들이 모두 풀려났다.

잠에서 깬 간수는 감방 문이 열려 있는 것을 보고 죄수들이 탈출했다고 생각하여 생명을 끊으려 하였다. 그것을 본 바울은 큰 소리로 외쳤다. "그대는 스스로 몸을 해치지 마시오. 우리가 모두 그대로 있소!"

간수는 바울과 실라 앞에 무릎을 꿇고 물었다. "선생님들, 제가 어떻게 해야 구원을 얻을 수 있습니까?"

바울이 대답했다. "주 예수를 믿으시오. 그리하면 당신과 당신의 집안이 구원을 얻을 것입니다." 그날 그의 가족들이 모두 믿고 세례를 받은 후 바울과 실라를 집으로 데려가 대접하였다.

날이 밝자 치안관들은 바울과 실라를 서둘러 그 지역에서 내보내려 하였다. 하지만 바울은 로마 사람인 자신들을 재판도 하지 않고 체포하고 벌을 주어 로마법을 위반했다며 항의하였다. 그 말을 들은 치안관들은 놀라서 급히 바울 일행에게 사과하고 도시를 떠나도록 청하였다. 바울과 실라는 그곳을 떠나기 전에 루디아의 집으로 가서 그들을 격려하였다.

데살로니가와 베리아

데살로니가로 간 바울과 실라는 회당에서 말씀을 전하였다. 바울의 말씀을 듣고 유대교로 개종한 그리스 사람들과 몇몇 귀부인들이 그들을 따랐다.

이 일로 유대인들이 시기심을 느껴 불량배들을 동원하여 소요를 일으켰다. 바울과 실라를 찾아다니던 그들은 두 사람을 찾지 못하자 바울을 따르던 야손을 붙잡아 그들이 어디에 있는지 물었다. 그날 밤 신자들은 바울과 실라를 베뢰아로 보냈다.

거기서 바울과 실라는 곧장 회당으로 갔다. 베뢰아 사람들은 합리적인 사람들이어서, 바울이 무슨 말을 하는지 귀 기울여 들었다. 그들은 그의 메시지를 자신들의 생각이 아닌 성경의 기준에 따라 판단하였다.

데살로니가에서처럼 사회적으로나 정치적으로 고위층에 있는 사람들을 포함하여 많은 사람들이 복음을 믿었다. 그러나 바울이 복음을 전파하는 것을 모든 사람이 반긴 것은 아니었다. 데살로니가에서 온 유대 사람들은 바울이 베뢰아에서 하나님의 말씀을 전파하는 것을 알고는 방해하기 위해 소동을 일으켰다.

아테네

실라와 디모데는 베뢰아에 남았고, 바울은 아테네로 갔다. 그곳이 우상숭배로 만연한 것을 본 바울은 회당과 시장에서 그들의 철학과 우상숭배에 도전하며 전도하였다.

바울과 대화를 나눈 철학자들은 그가 말쟁이이며 낯선 신을 선전하는 사람이라고 판단하여 그를 아레오바고로 데리고 갔다. 그곳은 아테네 사람들이 사상을 토론하는 곳이었다. 자신이 믿는 바를 더 자세히 설명할 기회를 얻은 바울은 자신이 그들이 말하는 '알지 못하는 신'을 전파하는 사람이라고 소개한 뒤, 그들에게 회개하고 죽은 자들 가운데서 부활하신 예수님을 믿어야 한다고 말하였다.

대부분의 사람들은 부활 사상을 조롱했지만, 디오누시오(아테네 철학회의 회원)와 다마리라는 부인을 포함한 소수의 사람들은 신자가 되었다.

고린도

바울은 서쪽으로 65킬로미터 떨어진 고린도로 갔다. 그는 생계를 위하여 이따금씩 천막 만드는 일을 하였는데, 고린도에서 같은 일을 하는 유대 사람, 아굴라와 브리스길라를 만났다.

이번에도 바울은 회당에서 사역을 시작하여 유대 사람들에게 복음을 전하였다. 실라와 디모데가 마케도니아 교회로부터 재정적인 후원을 받아온 뒤로, 바울은 오직 사역에만 전념할 수 있었다.

시간이 지날수록 반대가 심해지자 바울은 회당에서의 사역을 포기할 수밖에 없었다. 그는 옷에서 먼지를 털고, 유대 사람들이 멸망을 받으면 그것은 그들의 책임이라고 말하였다. 그러나 바울은 고린도를 떠나지 않고 장소를 옮겨 디디오 유스도의 집에서 사역을 이어가 회당장인 그리스보와 그의 집안 식구들이 신자가 되었고, 많은 고린도 사람들이 믿고 세례를 받았다.

어느 날 밤, 주님께서 환상 가운데 바울에게 두 가지 약속을 하셨다. 하나님은 "내가 너와 함께 있다"고 말씀하시고, 그들이 빌립보에서처럼 매를 맞는 일은 없을 것이라고 하시며 보호를 약속해주셨다. 또한 하나님은 고린도에서 많은 사람들이 구원을 받을 것이라고 말씀하셨다. 바울은 두 번째 전도 여행 중 가장 긴 기간인 1년 6개월 동안 고린도에 머물며 전도하였다.

또다시 유대인들이 바울의 사역을 방해하기 위해 그가 법을 어기고 있다고 모함하였다. 바울은 재판정으로 끌려가 지방 총독 갈리오 앞에서 심문을 받았다. 갈리오는 그들의 송사가 정치적인 것이 아니라 종교적인 문제라고 결론짓고, 그런 일에는 관여하지 않겠다고 결론을 내렸다.

갈리오의 결정에 실망한 유대 사람들은 새로운 회당장 소스데네를 폭행하였으나 갈리오는 그것을 알고도 모른 체하였다.

예루살렘과 안디옥으로 돌아가다

바울은 고린도에 좀 더 머문 후에, 그가 머리를 깎았던(이전에 바울은 그의 머리를 깎지 않고 30일 동안 특정한 음식과 음료를 삼가기로 맹세한 적이 있었다) 항구 도시 겐그레아로 갔다. 그곳에서 브리스길라와 아굴라와 함께 에베소로 떠났고, 거기서 유대 사람들에게 말씀을 전하기 위해 회당으로 갔다. 그의 말씀을 들은 사람들이 그에게 좀 더 머물러 달라고 요청하였으나, 그는 하나님이 그것을 허락하시면 다시 돌아오게 될 것이라고 말하고 이 제안을 거절하였다. 바울은 배를 타고 가이사랴까지 가서 다시 예루살렘으로 갔다가 안디옥으로 돌아갔다.

세 번째 전도 여행 사도행전 18-21장

안디옥에서 에베소까지

바울은 상당히 오랜 기간 안디옥에 머물다가 갈라디아와 브르기아에 있는 교회들을 다시 방문하여 그곳의 제자들을 격려하였다. 그 사이 아볼로라는 유대 사람이 에베소에 왔는데, 그는 그리스도를 전파하기는 하였으나 요한의 세례만 알 뿐이었다. 브리스길라와 아굴라는 그를 집으로 데려와서 복음에 대해 자세히 설명해주었다.

아볼로가 그리스로 가기를 원하자, 에베소의 신자들은 그를 격려하고 그리스에 있는 제자들에게 그를 환영하라고 편지를 써주었다. 그는 성경을 가지고 예수님이 메시아이심을 분명하게 보여주면서 그곳에 있는 유대 사람들을 논박했다.

바울이 에베소에 도착했을 때, 세례 요한의 제자들을 만났다. 바울은 그들에게 성령을 받았느냐고 물었다. 그러나 그들은 그런 것은 들어본 적도 없다고 하였다. 바울이 그들에게 예수님의 이름으로 세례를 주자 그들은 방언으로 말하고 예언하였다.

바울은 에베소에 있는 회당에서 세 달 동안 유대 사람들에게 하나님 나라에 대해 강론하고 권면하였다. 하지만 몇몇 사람들이 공개적으로 바울을 대적하고 비난하여 회당에서 사역할 수 없게 되었다.

바울은 포기하지 않고, 두란노 서원에서 날마다 가르쳤다. 그는 이 일을 2년 동안 계속하여 아시아에 살고 있는 사람들은 유대 사람이나 그리스 사람이나 모두 주님의 말씀을 들었다.

하나님은 바울을 통하여 비상한 기적들을 행하셨다. 심지어 바울이 사용한 손수건이나 앞치마를 가져다가 환자의 몸에 올리기만 해도 병이 낫고 악한 귀신들이 떠나갔다.

귀신을 쫓아내는 일을 하던 몇몇 유대인들이 바울이 예수님의 이름으로 귀신을 쫓아내는 것을 보고 똑같이 따라하였다. 그러자 귀신이 그들을 꾸짖고 그들에게 달려들었다. 그들은 매를 맞고 창피를 당한 후 벗은 몸으로 도망하였다.

이 소식이 유대 사람과 그리스 사람 모두에게 알려져, 에베소의 이교도들이 두려움에 압도되어 예수님의 이름을 찬양하였다. 일부 사람들은 신자가 되어 마술책을 불태우기도 했는데, 그 가치가 은전 5만 개에 맞먹었다. 주님의 이름이 계속해서 퍼져가고 점점 힘을 얻었다.

에베소를 떠나기 전, 바울은 예루살렘으로 가는 길에 마케도니아와 그리스를 다시 방문하고 결국 로마에 가기로 결정을 내렸다. 그러나 이 여정을 시작하기 전에 자기를 돕는 사람들 중 디모데와 에라스도 두 사람을 마케도니아로 보내고, 바울은 아시아에 좀 더 머물렀다.

바울이 아직 에베소에 있을 때, 데메드리오라고 하는 사람이 소동을 일으켰다. 그와 다른 은세공인들은 은으로 만든 작은 우상들을 이교도 순례자들에게 팔아 생계를 유지하고 있었는데, 바울의 사역이 그들의 생업에 위협이 되었던 것이다.

데메드리오는 다른 은세공인들에게 바울이 우상에 반대하는 도를 전파하고, 많은 사람들에게 사람이 만든 신은 신이 아니라고 설득하여 마음을 돌려놓고 있다고 하였다. 그들은 분노가 폭발하여 번영의 여신, 아데미(다이아나)를 소리쳐 찬양하였다. 그들은 처음에는 적은 무리였으나 어느새 큰 무리의 폭도가 되어, 바울의 동역자 두 명을 붙잡아 원형경기장으로 몰려갔다.

바울은 자신의 안전을 개의치 않고 폭도들에게 연설하고자 하였으나 그의 제자들과 몇몇 관리들이 만류하였다. 폭도들은 너무 열광한 나머지 혼란에 빠져 그들 중 많은 이들은 자신들이 왜 소동을 부리고 있는지조차 알지 못했다.

알렉산더라는 제자가 앞으로 밀려나가 말을 하게 되었으나, 군중은 그가 유대 사람인 것을 알고는 "에베소 사람의 아데미는 위대하다!"고 소리치며 말을 하지 못하게 하였다.

거의 두 시간 동안 극심한 혼란 상태가 계속되었다. 결국 시청 서기관이 에베소가 아데미 신상을 모신 신전지기라는 에베소 사람들의 전설을 상기시키며 그들을 진정시켰다. 그리고 바울과 그의 동료들이 고소를 당할 만한 범죄를 저지르지 않았다는 것을 강조했다. 그들은 실제로 성전을 약탈한 것도 아니고, 직접적으로 그들의 여신을 모독하지도 않았다.

서기관은 또한 데메드리오와 그와 함께한 다른 은세공인들이 불법적으로 행동한 것을 지적하였다. 그는 합법적으로 문제를 해결하기 원한다면, 그리스도인들을 고소하여 법정으로 데려오라고 하며 군중들을 해산시켰다.

에베소에서 예루살렘까지

바울은 마케도니아와 그리스를 여행하면서 이방인 교회들을 격려하였다. 그러나 그는 생명의 위협 때문에 계획을 수정하지 않을 수 없었다. 원래는 겐그리아에서 배를 타고 시리아로 가려고 하였으나, 마케도니아를 거쳐 빌립보에서 배를 타고 드로아로 갔다.

겐그리아 항구가 도둑들이 공격하기 쉬운 곳이라 유대에 있는 교회들을 위한 헌금을 가지고 있었던 바울에게 위험한 여정이 될 수 있었다. 바울 일행은 무교절 후 빌립보를 떠나 드로아에 도착했다.

드로아에서 신자들은 주님께서 죽은 자들 가운데서 살아나신 날을 귀하게 여겨 일요일에 모였다. 그들은 성만찬을 기념하는 것을 포함하여 함께 음식을 나누었다.

바울은 그 다음날 떠날 계획이었기 때문에 자정까지 계속 강론을 하였다. 신자들은 어느 개인 집의 위층에서 모였는데, 유두고라는 청년이 창문에 앉아서 바울의 강론을 듣다가 조는 바람에 아래로 떨어져 죽었다. 바울이 그를 끌어안자 하나님께서 그 청년의 생명이 돌아오게 하셨다.

바울은 날이 밝을 때까지 계속해서 이야기한 후 그 도시를 떠나 앗소, 미둘레네, 기오, 사모, 그리고 밀레도까지 두루 방문하였다. 그는 오순절 전에 예루살렘에 도착하기 위해 부지런히 움직였다.

밀레도에서 바울은 그리스도인들을 모아 연설을 하고, 다시는 그들을 보지 못할 것이라고 하였다. 성령께서 그에게 감옥에 갇히고 고난을 당할 것을 경고하셨기 때문이다. 그는 교회의 지도자들에게 하나님의 말씀을 가르치고 양떼들을 거짓 교사들로부터 보호할 책임을 맡겼다. 그리스도인들은 울며 바울을 끌어안고 입을 맞춘 후 그를 배웅하였다.

바울과 그의 일행은 배를 타고 연안을 항해하여 고스와 로도, 바다라에 들렀다. 그리고 바다라에서 페니키아로 가기 위해 더 큰 배로 갈아탔다. 그 배는 짐을 내려놓기 위해 두로에 정박했다. 두로에 상륙한 그들은 거기서 7일 동안 머물렀다. 성령을 통해 바울이 고난을 받게 된다는 것을 알게 된 제자들은 바울에게 예루살렘으로 가지 말라고 만류하였다. 그러나 바울은 제자들과 함께 기도한 후, 예루살렘을 향한 여정을 계속하였다.

가이사랴로 가는 도중 바울은 돌레마이에서 하루 동안 지내며 그곳 신자들에게 인사하였다. 가이사랴에 도착한 바울은 일곱 집사 중 한 명인 전도자 빌립의 집에 묵었다.

여기서도 아가보라는 선지자가 바울의 허리띠를 가져다가 자기 손과 발을 묶은 후, 바울이 예루살렘에서 체포되어 이방 사람의 손에 넘겨질 것이라고 예언하였다.

바울의 동료들은 다시 한 번 그에게 예루살렘에 가지 말라고 간청하였다. 바울은 그들의 간청에 마음이 아프지만, 단념하지 않을 것이라고 하였다. 가이사랴에서 온 신자 몇 명이 바울의 일행에 합류하여 육로 여행을 함께하였다. 그들은 키프로스 출신의 이방인 회심자인 나손의 집에 묵었다.

예루살렘의 폭동과 체포 사도행전 21-23장

갑작스런 폭동

예루살렘에 도착한 바울은 교회의 따뜻한 환대를 받았다. 다음날 그는 야고보와 장로들에게 하나님께서 어떻게 이방 사람들에 대한 사역을 축복하셨는지 이야기했다. 그들은 이 일로 하나님을 찬양하였다. 또한 수만 명의 유대 사람들이 믿게 되었으며, 그들이 모세의 율법에 열성적으로 헌신한 사람들이라고 전하였다.

그들은 하나님이 바울을 통해 행하신 일에 감사했지만, 이방 사람들 가운데 행한 사역으로 인해 바울이 율법에 충실한 사람인지 의심하는 이들이 있다고 알려주었다. "그러니 어떻게 하면 좋겠습니까?" 그들이 물었다. "유대 사람들은 분명 당신이 예루살렘에 왔다는 것을 알게 될 것입니다."

그들은 바울에게 그가 율법을 존중한다는 것을 보여주기 위해 다른 유대 사람들이 정결 예식을 행하는 데 함께하고, 그들을 위해 비용을 지불해주라고 제안했다. 바울은 이 제안에 동의했다. 다음날 그는 성전으로 가서 규정된 제물을 바칠 날짜를 정하였다.

바울과 다른 사람들이 정결 예식을 마치기 전, 아시아에서 온 유대 사람들이 그를 보고 소란을 일으켰다. 그들은 그의 가르침이 전통 유대교를 위협한다고 주장하였다. 그들은 바울이 유대 사람들에게 율법을 무시하고 성전에서 드리는 예배를 폐하라고 가르쳤다고 하였다. 또한 그가 이방인인 드로비모를 거룩한 곳에 데리고 들어와서 성전을 더럽혔다고 비난하였다.

이 비난은 들불처럼 번져 예루살렘 전역의 유대 사람들이 성전으로 몰려들었다. 그들은 바울을 끌어내어 죽일 듯이 몰아세웠다.

그때 유대인들이 소요를 일으키고 있다는 소식을 들은 로마 지휘관이 질서를 유지하기 위해 서둘러 움직였다. 그는 장교들과 병사들을 데리고 성전 구역으로 달려갔다. 그들을 본 유대 사람들은 바울을 때리는 것을 멈췄다.

바울이 폭동을 시작했다고 생각한 지휘관은 그를 체포하여 사슬로 묶으라고 명령했다. 그가 군중들에게 바울이 무슨 잘못을 했느냐고 묻자, 흥분한 군중들은 저마다 다른 말을 하였다. 그는 바울을 보호하기 위해 그를 로마 병영 안으로 끌고 가라고 명령했다.

병사들은 바울을 어깨에 둘러메고 성난 폭도들 사이를 뚫고 지나갔다. 군중들은 그들을 따라오며 "그를 죽여라! 그를 죽여라!" 하고 외쳤다.

바울의 변론

병영 안으로 들어간 바울은 지휘관에게 말하는 것을 허락해달라고 청하였다. 지휘관은 바울이 그리스어로 말하는 것을 듣고 깜짝 놀랐다. 그는 바울이 이집트 자객단의 우두머리라고 생각했기 때문이다. 바울은 지휘관에게 자기는 다소 출신의 유대 사람이라고 밝히고, 그를 따라왔던 무리들에게 말할 기회를 달라고 하였다.

요청이 받아들여져, 바울은 히브리어(혹은 아마도 아람어)로 연설하였다. 성난 군중들은 바울이 그들의 고향 말로 연설하는 것을 듣고 조용해졌다.

바울은 그의 유대 형제들에게 자신의 변호를 들어달라고 호소하였다. 그가 이야기를 계속하자 그들은 더욱 조용해졌다.

바울은 자신이 다소에서 태어나서 자랐고, 가말리엘로부터 율법과 전통을 배웠다고 말했다. 그는 원래 그리스도인들을 미워하였으며, 남자든 여자든 가리지 않고 그들을 잡아서 감옥에 넣었었다. 심지어 대제사장과 산헤드린의 위임을 받아 다마스쿠스의 그리스도인들을 체포하여 예루살렘으로 끌어다가 재판을 받게 하려 하였다.

다마스쿠스로 가는 길에, 밝은 빛이 바울을 둘러 비추었다. 그는 땅바닥에 엎어졌고, "사울아, 사울아, 네가 어찌하여 나를 핍박하느냐?" 하는 소리를 들었다.

그가 말씀하시는 분이 누구시냐고 물으니, "나는 예수다"라는 답이 돌아왔다.

바울과 함께 있던 사람들은 빛은 보았지만 소리는 들을 수 없었다.

바울이 이제 자기가 어떻게 해야 하느냐고 물었을 때, 주님은 다마스쿠스로 가면 거기서 그가 해야 할 일을 듣게 될 것이라고 말씀하셨다.

바울은 빛 때문에 눈이 멀어 그의 일행들이 그를 다마스쿠스로 데려갔다. 그곳에서 아나니아가 바울에게 "형제 사울이여, 눈을 뜨시오"라고 말하자, 그는 다시 볼 수 있게 되었다.

아나니아는 바울에게 하나님께서 그를 선택하셔서 주님의 증인이 되게 하셨다고 알려주었다. 또한 "망설일 까닭이 어디 있습니까? 세례를 받고 죄 씻음을 받으십시오"라고 하였다.

그 후 바울은 예루살렘으로 돌아와서 성전에 기도하러 갔다. 기도하던 중 그는 황홀경에 빠져 예루살렘 사람들이 예수님에 대한 그의 증언을 받아들이지 않을 것이니 그곳을 떠나라는 말씀을 들었다.

그는 "주님, 제가 주님을 믿는 사람들을 감옥에 가두고 때린 사실을 그들이 알고 있습니다. 그들은 스데반이 돌에 맞아 죽을 때 제가 증인이었던 것도 알고 있습니다"라고 말씀드렸다.

그러자 주님께서는 "가라, 내가 너를 이방 사람들에게 보내겠다"고 대답하셨다.

그가 거기까지 말하였을 때, 유대 사람들의 분노가 폭발하여 "이런 자는 없애 버려라. 살려 두면 안 된다"고 소리를 질렀다. 그들은 바울에게 고함을 치고, 옷을 벗어 던지며 공중에 먼지를 날렸다.

바울이 무슨 말을 했는지는 모르고, 그가 의도적으로 군중들을 자극했다고 생각한 지휘관은 병사들에게 그를 채찍질하여 그가 무슨 말을 해서 그들을 분노하게 하였는지 알아내라고 명령하였다.

바울은 벌을 받는 대신, 로마 시민으로서의 권리를 주장했다. 그는 "로마 시민을 재판도 하지 않고 매질하는 법이 어디에 있소?"라고 물었다.

이 말에 깜짝 놀란 지휘관은 병사들에게 매질을 멈추라고 명하였다. 그는 바울에게 어떻게 해서 로마 시민이 되었느냐고 물으며, 자신은 돈을 많이 들여서 시민권을 얻었다고 하였다. 바울은 "나는 나면서부터입니다"라고 답했다.

바울을 심문하려고 했던 병사들이 뒤로 물러났다. 지휘관은 바울을 결박하고 채찍질하라고 명령했던 것 때문에 근심하였다.

그는 유대 사람들이 왜 소란을 일으켰는지 알아보기 위해 유대 종교 의회를 소집한 뒤 바울을 풀어주고 그들 앞에서 말하게 하였다.

바울은 의회원들을 똑바로 쳐다보며 말하였다. "형제들이여, 나는 하나님 앞에서 깨끗한 양심을 가지고 있습니다."

대제사장은 바울의 이 말을 신성모독이라고 간주하고 그의 입을 치라고 명령하였다. 바울은 자신을 치라고 명령한 대제사장에게 위선자요 부패한 재판관이라고 하였다.

그러자 곁에 있던 사람들이 바울을 꾸짖었다. "그대가 하나님의 대제사장을 모욕하오?"

바울은 바로 사과하였다. "나는 그가 대제사장인지 몰랐소(성경이 말하기를 지도자들을 욕하지 말라고 하였다)."

바울은 의회원들의 일부는 사두개파 사람이요, 일부는 바리새파 사람인 것을 보고서 큰 소리로 말하였다. "바리새파 사람인 나는 지금 부활을 믿기 때문에 재판을 받고 있습니다!"

사두개파 사람들은 천사와 부활을 믿지 않는 반면, 바리새파 사람들은 믿었기 때문에, 바울의 이 말은 그들 사이에 다툼을 일으켰다. 몇몇 바리새파 사람들이 일어서서 바울의 편을 들며 그가 잘못한 것이 없다고 말하였다. 그들은 "영이나 천사가 그에게 말하여 주었을 가능성도 있습니다"라고 말하였다.

이것은 불난 집에 기름을 부은 격이 되었다. 지휘관은 의회가 점점 더 폭력적인 분위기로 달아오르자 바울을 빼내어 다시 로마 병영으로 데리고 갔다.

로마에서도 나를 증언하리라

그날 밤 주님께서 바울에게 나타나셔서 이렇게 말씀하셨다. "바울아, 굳세어라. 네가 예루살렘에서 나를 증언한 것과 같이, 로마에서도 나를 증언할 것이다."

다음날 유대 사람들은 바울을 죽이기로 결심하였다. 40명이나 되는 사람들이 바울을 죽이기로 모의한 후, 자결 협정을 맺고 "바울을 죽이지 못하면 하나님이 나를 저주하시기를!" 하고 맹세하였다. 그들은 바울을 죽일 때까지 아무것도 먹지 않기로 맹세하였다는 것을 제사장들과 장로들에게 알렸다. 그리고 대제사장에게 말하기를, 지휘관에게 청하여 바울을 다시 의회로 끌어와달라고 하였다. 그들은 좁은 거리에서 매복하고 있다가 그를 습격할 생각이었다.

이 음모를 바울의 조카가 듣고 바울에게 알려주었다. 바울은 로마 장교에게 자기 조카를 지휘관에게 데려다달라고 부탁했다. 바울의 조카를 통해 상황을 알게 된 지휘관은 그에게 이 정보를 자신에게 알려주었다는 사실을 비밀로 하라고 당부하였다.

로마의 죄수 사도행전 24-28장

지휘관은 장교 두 사람을 불러서 비밀리에 바울을 가이사랴(유대의 로마 정부 본부)로 이송할 준비를 하라고 명령하였다. 매복의 우려가 있었기 때문에, 그는 200명의 보병과 200명의 창병, 그리고 70명의 기병을 대동하여 어둠을 틈타 이동하라고 명령하였다.

지휘관 글라우디오는 벨릭스(유대의 총독)에게 다음과 같이 편지를 썼다.

이 사람(바울)은 유대 사람들에게 붙잡혀서, 죽임을 당할 뻔하였습니다. 그런데 그가 로마 시민인 것을 알고, 제가 군대를 거느리고 가서 그를 구했습니다. 저는 유대 사람들이 무슨 일로 그를 고소하는지를 알아보려고 그들의 의회로 그를 데리고 갔습니다. 그런데 그가 유대 사람의 율법 문제로 고소를 당하였을 뿐, 사형을 당하거나 갇힐 만한 아무런 죄가 없다는 것을 알았습니다. 그런데 이 사람을 해하려고 하는 음모가 있다는 정보를 듣고, 당장 그를 총독님께 보냅니다. 그리고 그를 고발하는 사람들에게도 그에 대한 일을 각하 앞에 제소하라고 지시해 두었습니다(행 23:27-30).

병사들은 밤에 출발하여 안디바드리(가이사랴로부터 38킬로미터 떨어진 곳)까지 바울과 동행하였다. 다음날 아침, 보병들은 예루살렘으로 돌아가고 기병 부대가 바울을 가이사랴로 데려갔다.

그들은 바울을 벨릭스에게 넘기고, 글라우디오가 쓴 편지를 전달하였다. 그것을 읽은 벨릭스는 바울에게 어느 지방 출신이냐고 물었다. 바울은 "길리기아 출신입니다"라고 대답하였다.

바울과 벨릭스

벨릭스는 바울에게 그를 고소하는 사람들이 도착하면 고소 내용을 들어보겠다고 말하였다. 그는 바울을 헤롯의 궁에 가두었다.

닷새 뒤, 대제사장과 한 무리의 유대 장로들이 더둘로라는 변호사와 함께 도착하였다. 더둘로는 바울을 고발하기 전에, 벨릭스 덕분에 그들이 평화를 누리고 개혁을 이루었다고 아첨하였다. 그리고 이어서 바울이 문제를 일으키는 자이며, 나사렛 도당의 우두머리로 성전을 더럽힌 사람이라고 고발하였다. 더둘로는 총독에게 바울을 친히 심문하여 보면 그들의 고발이 진실이라는 것을 알게 될 것이라고 말하였다. 더둘로와 함께 온 유대 사람들은 그가 하는 말이 진실이며, 바울은 그 모든 고발 내용에 대해 유죄라고 증언하였다.

벨릭스는 바울에게 대답할 기회를 주었다.

바울은 고발 내용을 부정하였다. 그는 자신이 성전에서 예배하기 위해 예루살렘에 올라간 지 12일밖에 되지 않았고, 시민들을 선동한 일도 없으며, 그들이 자신을 고발한 내용을 증명할 수 없을 것이라고 하였다.

바울은 자신이 자기를 고발하는 사람들과 동일한 하나님을 믿고 있으며, 그들이 이단이라고 여기는 그 '도'를 따르는 자라는 것을 인정하였다. 그는 자신이 의로운 사람들과 불의한 사람들의 부활을 포함하여 율법과 예언서에 기록된 모든 것을 믿고 있다고 말하였다. 그는 하나님과 사람들 앞에서 깨끗한 양심을 지키기 위해 최선을 다했다.

그는 벨릭스에게 자신은 가난한 사람들을 위한 구제금을 전달하고 하나님을 예배하기 위해 예루살렘에 왔다고 하였다. 그는 성전에 들어가기 전에 정결 예식을 행하였고, 아무런 소동을 일으키지도 않았다. 바울은 벨릭스에게 자기를 고발하는 자들이 그 내용에 대해 증거를 제시하지 않았다고 지적했다. 바울은 자신이 산헤드린 앞에서 "나는 죽은 사람들의 부활을 믿습니다"라고 부르짖은 것 외에는 어떤 범죄에도 가담한 적이 없다고 말하였다.

벨릭스는 그 '도'에 대해 알고 있었지만, 바울을 체포한 지휘관 루시아가 예루살렘으로부터 올 때까지 결정을 연기하였다. 그는 바울을 지키되, 친구들이 방문하고 필요한 것을 공급해주는 것을 허락하라고 명령했다.

벨릭스의 아내 드루실라가 유대 사람이었기 때문에, 그는 종종 아내와 함께 와서 바울을 불러내어 그의 말을 들었다. 바울은 그들과 함께 정의와 절제와 미래의 심판에 대해 논하였다.

이 주제들은 벨릭스의 마음을 혼란스럽게 하였다. 그는 바울에게 이야기를 멈추고, 다음에 다시 만나자고 하였다. 사실 바울이 뇌물을 주기를 바라고 자주 불러내어 이야기를 나누었던 것이다.

벨릭스는 유대 사람들의 지지를 얻기 위해 계속해서 바울을 감금해 두었다. 그러다가 2년 뒤에 총독은 베스도로 교체되었다.

베스도가 가이사랴에 부임한 지 사흘 뒤, 그는 예루살렘으로 가서 유대 종교 지도자들과 만났다. 그들은 다시 베스도에게 바울을 고발하였고, 그를 예루살렘으로 이송해달라고 부탁했다(그들은 길에 매복하였다가 바울을 죽일 계획이었다).

베스도는 이 요청을 거절하며, 그들에게 가이사랴로 와서 고발하면 된다고 말하였다.

바울, 베스도, 그리고 헤롯

베스도는 가이사랴에 돌아가자마자 바울을 데려오게 하였다. 바울을 고발한 사람들이 그를 에워싸고 심각한 죄목들을 만들어 고발하였지만, 증거를 대지 못했다.

바울은 자신이 율법이나 성전이나 로마 황제에 대하여 죄를 범한 적이 없다고 부인하였다. 그의 변호를 들은 베스도는 유대 사람들의 환심을 사려고 바울에게 예루살렘으로 돌아가 심판을 받고 싶은지 물어보았다.

바울이 대답했다. "아니오! 나는 로마 시민으로서 로마 법정에서 재판을 받을 권리가 있습니다. 만일 내가 사형에 처할 만한 죄를 저질렀다면, 나는 기꺼이 사형을 받을 것입니다. 그러나 내가 무고하다면, 어느 누구도 나를 그들에게 넘겨줄 수 없습니다. 나는 황제에게 상소합니다!"

하루는 헤롯 아그립바 2세(로마를 대리하는 지방 통치자)가 새 총독에게 인사하기 위해 그의 누이 버니게와 함께 가이사랴에 왔다. 베스도는 자기가 벨릭스로부터 바울의 고발 사건을 넘겨받았으며, 예루살렘에 갔을 때 유대 지도자들이 바울에게 유죄판결을 내려 처형해달라고 청하였다고 설명했다. 그러나 로마법으로 피고는 원고를 직접 대면하여 자신을 변호할 권리가 있었다.

베스도는 아그립바에게 바울을 고발한 자들이 그를 고발하면서 제시한 죄목들을 듣고 놀랐다고 말했다. 그는 이 싸움이 유대 종교와 예수라는 사람에 관한 것이며, 바울이 그가 살아 있다고 주장한다는 것을 알게 되었다. 베스도는 이 문제를 어떻게 판단해야 할지 몰라 바울에게 예루살렘으로 가서 재판을 받기 원하는지 물어보았는데, 그가 거절하고 황제의 법정에 이 사건을 상소하였다고 말했다.

베스도는 바울을 황제에게 보낼 때까지 그를 계속 가두어둘 계획이라고 말하였다. 그 말을 들은 아그립바가 이렇게 말하였다. "가능하다면, 내가 직접 그 사람과 말해보고 싶습니다."

베스도는 "내일 그렇게 하십시오"라고 하였다.

다음날 아그립바와 버니게는 왕실의 위엄을 갖춘 자주색 옷과 금으로 치장을 하고, 고급 장교들과 그 도시의 요인들을 대동하여 심문 장소로 들어갔다.

모두 자리를 잡자 베스도는 바울을 데려오라고 명한 후, 참석한 사람들에게 자기가 그들의 의견과 도움을 필요로 하는 이유를 설명하였다. 그는 바울에게 유죄 판결을 내릴 충분한 증거를 발견하지 못하였다. 뿐만 아니라, 바울은 황제에게 상소를 하였는데, 베스도에게는 황제에게 보낼 확실한 고발 자료가 없었다. "그를 황제에게 보내면서 확실한 죄목을 제시하지 않는다는 것은 이치에 맞지 않는 일이라고 생각합니다."

베스도가 의견을 구하자, 아그립바는 바울에게 할 말이 있으면 해도 좋다고 허락하였다.

바울은 즉시 자신을 변호하기 시작했다. 그는 유대 사람의 법적인 문제에 정통한 아그립바 앞에서 자신을 변호할 수 있게 된 것을 특별한 혜택으로 생각한다고 말하였다.

바울은 아그립바에게 자신이 엄격한 율법의 요구에 따라 살아가도록 훈련받은 바리새파 사람이라는 것을 유대 지도자들이 알고 있다고 말했다. 그들은 자신들이 이스라엘에 대해 소망하고 있는 것과 동일한 문제를 가지고 바울을 고발하였다. 바울은 모인 사람들에게 "여러분은 어찌하여 하나님께서 죽은 사람들을 살리신다는 것을 믿을 수 없는 일로 여기십니까?" 하고 물었다.

바울은 자신이 신실한 유대 사람으로서, 원래는 나사렛 예수를 믿는 사람들을 반대했었다고 하였다. 그는 예루살렘에 있는 대제사장들로부터 권한을 받아 신자들을 감옥에 가두었고, 그들이 사형선고를 받을 때 이에 동조하였다. 바울은 그리스도인들에 대한 분노가 극에 달하여 심지어 다른 도시들까지 찾아다니며 그들을 박해하였다.

바울은 민족의 종교적 유산에 열심이었던 유대 사람으로 살았던 자신의 과거에 대해 설명한 후, 다마스쿠스로 가는 길에 회심하게 된 경험을 이야기했다. 그는 해보다 더 눈부신 빛이 자신을 감쌌다고 말했다. 모두가 땅에 엎어지고, 바울은 "사울아, 사울아, 네가 어찌하여 나를 핍박하느냐?"라고 말씀하시는 음성을 들었다.

그가 누구시냐고 물었더니, 주님께서는 자신을 사울이 핍박하고 있는 예수라고 밝히셨다. 예수님은 바울에게 일어서라고 명하시고 말씀하셨다. "내가 너를 내 증인이 되게 하려고 지명하여 세웠다. 내가 너를 너의 백성과 이방 사람들에게서 건져낼 것이다. 너는 이방 사람들에게 나의 증인이 될 것이며, 그리하여 그들이 하나님께로 돌아오고 나를 믿음으로 죄 용서를 받을 것이다."

바울은 자신이 하나님의 보호하심을 받아 선지자들이 메시아에 대해 말하였던 것들을 증언할 수 있었다고 하였다. 그들은 그리스도께서 반드시 고난을 받고 죽을 것이며, 죽은 사람들 가운데서 가장 먼저 부활하신 분이 되셔서 유대 사람들과 이방 사람들에게 '복음'이 선포될 것이라고 기록하였다.

베스도는 분노하여 소리쳤다. "바울아, 많은 학문이 너를 미치게 하였구나."

바울은 그 말을 부정하고, 아그립바에게 지지를 호소하였다. 그는 아그립바가 분명 그리스도의 죽음과 부활에 대해 들었을 것이라고 확신하였다. 그 일들이 비밀리에 일어난 것이 아니었기 때문이다. 그는 "아그립바 임금님, 선지자들을 믿으십니까? 믿으시는 줄 압니다"하고 말하였다.

아그립바가 대답했다. "그대가 그렇게 쉽게 나를 설득해서 그리스도인이 되게 하려고 하는가?"

바울이 대답했다. "쉽든지 어렵든지 간에, 나는 여기 있는 모든 사람들이 내가 이렇게 사슬에 묶인 것 외에는 나와 같이 되기를 하나님께 기도합니다."

그들은 충분히 들었다고 생각했다. 아그립바, 베스도, 버니게와 함께 앉아 있던 사람들이 이 사건을 논의하기 위해 그 방을 떠났다. 바울이 중대한 범죄를 저지르지 않았다는 데 모든 사람들이 동의했다.

그때 아그립바가 베스도에게 말했다. "그 사람이 황제에게 상소하지 않았으면, 그를 석방할 수 있었을 것이오."

폭풍과 조난

바울과 몇 명의 다른 죄수들은 로마로 가는 배로 이송되기 위해 백부장 율리오에게 넘겨졌다. 데살로니가 출신의 신자였던 아리스다고와 의사 누가도 같은 배에 올랐는데, 그 배는 드로아 근처 에게 해 북동 연안에 있던 항구인 아드라뭇데노에서 온 배였다. 그들은 지중해를 가로질러 항해하는 대신, 북쪽 시돈으로 항해하였다. 거기서 율리오는 바울이 친구들을 만나 여행에 필요한 물품들을 받을 수 있도록 허락해주었다.

시돈을 떠나자마자 북쪽에서 불어오는 강한 바람을 만나 선로를 유지하는 것이 어려워졌다. 그들은 키프로스 섬을 바람막이로 삼아 항해하여 길리기아와 밤빌리아를 지난 후 무라로 항로를 정하였다. 무라에서 백부장은 알렉산드리아를 떠나 로마로 가는 배에 죄수들을 옮겨 태웠다.

서쪽으로 가면서 항해가 점점 더 어려워졌지만, 마침내 그들은 크레타 섬에 있는 '아름다운 항구'에 도착하였다.

여러 날이 지나 날씨가 나빠지고 항해도 위험해지자 바울은 선장과 선원들에게 이렇게 말하였다. "여러분, 내가 보기에 우리가 계속해서 항해를 하다가는 조난을 당하고, 짐과 생명의 손실을 입을 위험이 있습니다."

그러나 율리오는 바울의 말을 듣지 않고 선장에게 어떻게 해야 할지 물었다. 선장은 바울과 의견을 달리하였고, 대부분의 선원들의 생각도 그와 같았다. 그는 뵈닉스라는 항구에서 겨울을 나기를 원했다. 뵈닉스는 크레타 섬 연안으로 더 올라간 항구로, 겨울 폭풍을 피하기 좋은 곳이었다.

선원들은 뵈닉스로 갈 수 있다고 생각하고, 남쪽에서 순풍이 불어올 때 닻을 올렸다. 그들은 크레타 해안에 바싹 붙어서 항해하였는데, 갑자기 '북동풍'이 몰아쳤다. 배는 폭풍에 휘말려 해안에서 떠밀려 바다로 휩쓸려나갔다. 폭풍이 너무 강하여 배를 통제할 수 없어서 그들은 계속 떠밀려 갔다.

바람은 그들을 가우다 섬 남쪽으로 38킬로미터나 밀어냈다. 선원들은 간신히 구명정을 붙잡아 가까스로 갑판 위로 끌어올려 밧줄을 이용해서 선체에 묶었다.

배가 시르티스(북아프리카 연안에 형성된 죽음의 모래톱으로 배들의 무덤으로 악명이 높다)로 밀려들 것을 우려하여 선원들은 바다에 닻을 내린 채 질질 끌려가고 있었다.

폭풍이 시작된 지 이틀째 되는 날, 그들은 바다에 짐을 내던졌다. 3일째에는 절망에 빠져 배의 장비들마저 바다로 던져버렸다.

폭풍은 거칠게 계속되었다. 여러 날 동안 해도, 별도 보지 못한 채 그들은 모든 희망을 잃고 바다에서 죽을 것이라고 체념하였다.

모든 사람들이 오랫동안 아무것도 먹지 못하고 있었다. 그때 바울이 "여러분, 여러분은 내 말을 들었어야 했습니다. 그랬더라면 생명의 위협을 느끼는 이런 상황은 맞지 않았을 것입니다. 그러나 두려워하지 마십시오. 하나님의 천사가 배만 잃을 뿐, 한 사람도 목숨을 잃지는 않을 것이라고 내게 확실히 보증해주었습니다"라고 말하였다. 그는 선원들에게 자신은 하나님을 믿는 사람이니 자기의 말을 믿으라고 격려하였다.

바울은 그들이 조난을 당하여 한 섬으로 밀려가게 될 것이라고 하였다.

14일째 되는 날 한밤중에, 선원들은 육지에 가까워지고 있다는 것을 감지하고 수심을 재기 시작하였다. 그들은 암초에 부딪치는 것을 피하기 위해 날이 새기를 기다렸다.

할 만큼 했다고 생각한 선원들은 이물에서 닻을 내리는 척하면서, 배를 버리고 구명정을 타고 달아나기로 하였다. 바울은 그들이 무슨 생각을 하고 있는지 알아채고는 백부장에게 경고하였다. "만일 이 사람들이 배에 남아 있지 않으면, 우리는 무사할 수 없을 것입니다." 그러자 병사들은 구명정의 밧줄을 끊어서 바다에 떠내려 보냈다.

날이 새어갈 무렵, 바울은 모든 사람들에게 음식을 먹으라고 권하였다. 바울은 그들에게 아무도 다치지 않을 것이라고 안심시키고, 빵을 들어 하나님께 감사를 드린 후 선원과 승객들 앞에서 먹었다. 그러자 사람들이 그를 따라서 음식을 먹었다. 다 먹은 후 선원들은 배를 가볍게 하기 위해 남은 식량을 바다에 버렸다.

날이 새자 육지가 보였다. 그들은 최대한 배를 육지 가까이에 대기 위해 닻을 모두 끊어버리고, 키를 묶은 밧줄을 늦추었다. 그리고 앞 돛을 올려서 배가 육지에 진입하게 하였다. 그러나 그만 배가 모래톱에 걸려 꼼짝도 하지 못하고 거친 물결에 깨어졌다. 병사들은 배가 부서지면 죄수들이 도망갈 수도 있다고 생각하여 그들을 죽이려 하였다.

그 순간 바울을 구하기 위해 백부장이 끼어들었다. 그는 헤엄칠 수 있는 사람들은 먼저 뭍으로 올라가고, 나머지 사람들은 널빤지나 부서

진 배 조각을 타고 뭍으로 나가라고 명령하였다. 그렇게 하여 모든 사람들이 무사히 육지에 올랐다.

몰타 섬

모든 사람들이 연안에 도착한 뒤에야, 비로소 그들은 그곳이 몰타 섬이라는 것을 알았다. 그 섬의 주민들은 불을 피워 물에 젖은 그들을 친절하게 도와주었다. 바울이 나뭇가지를 불에 던지자 열기에 놀란 뱀이 튀어나와서 그에게 달라붙었다.

섬 사람들은 독사가 바울의 손에 매달려 있는 것을 보고 이렇게 말하였다. “이 사람은 틀림없이 살인자다. 정의의 신이 분명 그를 살려두지 않을 것이다.”

그러나 바울은 손을 흔들어 뱀을 불 속에 떨어버렸다. 상당한 시간이 흘러도 바울이 아무렇지도 않자, 섬 사람들은 생각을 바꾸어 그가 신이라고 결론을 내렸다.

그 섬의 추장인 보블리오는 바울을 자신의 집으로 초대하였다. 그의 집에 머무는 동안, 바울은 열병과 이질에 걸려 병석에 누워 있던 그의 아버지와 몇 명의 병자들을 고쳐주었다. 그들은 감사의 표시로 후하게 대접하고, 바울이 로마에 도착할 때까지 쓸 물건들을 공급해주었다.

몰타 섬에 세 달을 머문 후, 바울과 그의 일행들은 ‘쌍둥이 신’이라는 이름이 붙은 알렉산드리아 배에 올랐다. 그들은 몰타 섬에서 출발하여 시실리 섬에 있는 시라큐스까지 이동한 후 거기에 3일 동안 머물렀다. 다시 시라큐스에서 레기온으로, 그 다음에는 보디올로 갔다. 두 곳 모두 그리스의 중요한 섬들이었다. 바울은 로마로 가기 전에 보디올에 있는 신자들의 초대를 받아 7일 동안 그들과 함께 지냈다.

바울이 로마에 도착하자 그곳 신자들이 아피온 광장에서 그를 맞았다. 다른 신자들도 와서 트레스 마을에서 바울과 그의 일행들을 만났다. 이 일로 바울은 크게 용기를 얻고 하나님께 감사했다.

로마

로마에 도착한 바울은 로마 병사의 경비 하에 개인 집에서 지내도 좋다는 허락을 받았다. 바울은 시간을 허비하지 않고 유대인 동포들을 만났다. 그는 로마에 온 지 3일 만에 유대인 지도자들을 만나자고 요청하였다. 그는 그들에게 자신이 범죄자가 아니라고 말했다. 비록 체포되어 로마 사람의 손에 넘겨졌지만, 그는 유대 사람이나 유대 전통에 반하는 어떤 범죄에도 가담한 적이 없었다. 그는 자신이 그들을 만나자고 한 목적은 지도자들과 친분을 맺고 자기가 왜 죄수가 되었는지 설명하기 위해서라고 말하였다. "내가 사슬에 매여 있는 것은 내가 이미 오신 메시아를 믿기 때문입니다."

지도자들은 바울에게 그들이 유대로부터 그에 관하여 어떤 비판적인 보고도 받은 일이 없지만, 모든 사람들이 반대하고 있는 새로운 종파에 대해서는 들은 적이 있다고 말하였다. 그들은 이 새로운 종파에 대한 바울의 의견을 듣기 위해 두 번째 만남을 요청하였다.

그날 더 많은 유대 사람들이 바울의 숙소로 찾아왔다. 바울은 어떻게 예수님께서 하나님 나라에 대한 이스라엘의 소망을 성취하셨는지 설명하였다. 그는 모세의 율법과 선지자들의 말씀을 가지고 아침부터 저녁까지 그들에게 전하였다. 어떤 사람들은 그의 말을 믿었으나 대부분의 사람들은 믿기를 거부하였다. 유대 사람들은 바울과 의견을 달리했을 뿐만 아니라, 그들끼리도 의견을 달리했다.

그들이 떠나기 전, 바울은 완악한 마음을 가졌던 그들의 선조들과 동일한 실수를 범하지 말라고 경고하였다. 그는 선지자 이사야의 말씀을 인용하였다(이사야는 성령의 감동을 받아서 그 세대의 사람들이 자기의 메시지를 거절한 것에 대한 하나님의 심판을 경고하였다). "이 백성에게 가서 말하여라. 그들은 귀가 있어도 듣지 못하고 눈이 있어도 보지 못한다. 그들의 마음이 무디어져 하나님께 대하여 귀머거리가 되고 눈먼 자가 되었다. 그들이 나를 믿는다면, 내가 그들을 구원하겠지만, 그들은 그렇게 하려 하지 않는다"(사 6:9-10).

바울은 유대 사람들이 자기의 메시지를 믿으려 하지 않았기 때문에 이방 사람들에게 구원의 소식을 전파한 것이라고 한 후 말을 맺었다.

바울은 2년 동안 셋집에 살면서 찾아오는 사람들을 맞이했다. 그는 자기를 방문하는 모든 사람들을 환영하고, 아무런 방해도 받지 않고 담대하게 하나님 나라를 전파하고 주 예수 그리스도에 관한 것을 가르쳤다.

요약

예수님께서 죽은 자들 가운데 살아나신 이후, 계속해서 제자들에게 하나님 나라에 대해 가르치셨고, 온 세상에 '복음'을 전파하라는 사명을 맡기셨다. 주님은 성령을 보내주시겠다고 말씀하신 후 다시 오시겠다는 약속을 남기고 하늘로 올라가셨다.

오순절에 성령께서 예수님을 따르던 모든 자들에게 충만하게 임하셔서 그들은 방언(외국어)으로 말하기 시작했다. 이것은 많은 군중들의 관심을 끌어 베드로는 그들에게 예수님께서 주와 메시아라는 말씀을 전하였다. 이날 3천 명의 사람들이 믿고 세례를 받았다.

사도들이 예루살렘에서 행한 기적과 메시지는 물의를 일으켰고, 이로 인해 두 가지 사실이 분명해졌다. 첫째로, 복음의 메시지가 퍼져가는 일이 멈추지 않을 것이고 둘째로, 유대 지도자들은 계속해서 예수님을 따르는 사람들을 반대하고 괴롭힐 것이라는 점이다.

교회는 계속해서 성장했다. 그러나 유대 종교 지도자들의 박해로 스데반의 죽음이 초래되었다.

스데반을 박해했던 사람 중 하나인 바울(사울)은 열심히 교회를 반대하였다. 바울이 그리스도의 추종자들을 진압하기 위해 다마스쿠스로 가던 중 예수님께서 그에게 나타나셨다. 그 일을 계기로 바울은 완전히 변화되었다.

베드로의 환상, 빌립의 증언, 바울의 전도 여행은 대속과 구원의 메시지가 유대 사람들만을 위한 것이 아니라 모든 사람들을 위한 것임을 분명히 보여주었다. 바울 일행은 예루살렘에서 로마까지 두루 다니며 복음을 전파하였다.

극심한 반대에도 불구하고, 주님의 약속대로 교회는 계속 성장했다. 초기 그리스도인들은 위협을 당하고, 체포되고, 채찍에 맞았다. 베드로는 두 번 감옥에 갇혔고, 야고보는 처형을 당했다. 바울은 괴롭힘을 당하고, 감옥에 갇히고, 매를 맞았다. 그러나 예수 그리스도를 통한 구원의 메시지는 로마 제국을 거쳐 온 세계로 계속해서 힘차게 뻗어나갔다.

이야기는 끝나지 않았다

사도행전은 갑작스럽게 끝이 난다. 바울은 로마에 있었다. 그는 죄수의 신분으로 사슬에 매여 있지만, 복음은 매이지 않았다. 바울은 하나님 나라와 그리스도에 대하여 '아무런 방해도 받지 않고' 전파하고 가르칠 자유를 누리고 있다.

바울의 서신들(바울이 교회들에 쓴 편지들)을 통해 우리는 그가 2년 뒤에 풀려났으며, 다시 체포되어 처형을 당할 때까지 수년 동안 사역을 계속했다는 것을 알고 있다. 하지만, 기독교의 이야기는 바울의 죽음으로 끝나지 않았다.

바울이 기록한 서신들이 1세기에 일어난 사건들에 대해 정확한 정보를 주고 있지는 않지만, 우리는 그것을 통해 교회들이 박해라는 외부의 위협과 잘못된 가르침이라는 내부의 문제에 직면했었다는 것을 알고 있다. 그 외의 서신서들은 신자들이 계속해서 그리스도를 신실하게 따르고, 기독교의 역사적 진리에 충실할 것을 가르치고 격려하기 위해 쓰인 것들이다.

1세기가 끝나갈 무렵, 로마 황제 도미티아누스는 모든 백성에게 절대적 충성과 경배를 요구하였다. 그러나 그리스도인들이 그를 신으로 경배하기를 거절하였기 때문에 무자비한 박해를 받았다. 이때 사도 요한도 체포되어 (소아시아 해변에 있는) 밧모라는 작은 섬으로 유배되었다.

요한은 그곳에서 죄수로 지내면서 계시록을 기록하였다. 그것은 사탄과 인간의 반역으로 타락한 피조 세계를 하나님께서 회복시키는 과정 중에 계시다는 것을 그리스도인들에게 상기시키기 위한 것이었다. 신자들은 세상의 미움을 받지만, 하나님의 사랑을 받았다. 그들은 궁극적으로 승리하여 그리스도와 함께 영원히 다스릴 것이다.

www.purenard.co.kr